PATRICK GENARD & ASOCIADOS

ARCHITECTURE AND INTERIORS

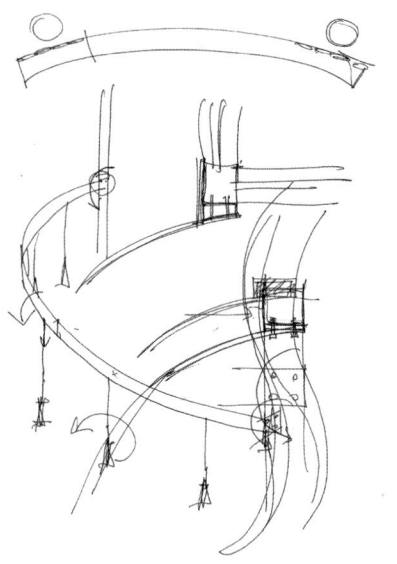

Editorial project:
© 2024 **booq** publishing, S.L.
c/ Domènech, 7-9, 2º 1ª
08012 Barcelona, Spain
T: +34 93 268 80 88
www.booqpublishing.com

ISBN: 978-84-9936-630-2

Concept:
Patrick Genard

Graphic Design:
Mireia Casanovas Soley

Texts:
Patrick Genard

Translation:
Ron Calvo, Bruno Conigliano and **booq** publishing, S.L.

Printing in Spain

booq affirms that it possesses all the necessary rights for the publication of this material and has duly paid all royalties related to the authors' and photographers' rights. **booq** also affirms that is has violated no property rights and has respected common law, all authors' rights and other rights that could be relevant.
Finally, **booq** affirms that this book contains neither obscene nor slanderous material.
The total or partial reproduction of this book without the authorization of the publishers violates the two rights reserved; any use must be requested in advance.
In some cases it might have been impossible to locate copyright owners of the images published in this book. Please contact the publisher if you are the copyright owner in such a case.

4 **PATRICK GENARD BIOGRAPHY**	**BUILT PROJECTS**	**PROJECTS**
6 **DUODECALOG**	10 BELGIUM PAVILION - EXPO MILANO 2015	226 TRIPOLI FINANCIAL CITY
	22 MEDIACOMPLEX 22@	228 TOUR BSIC
	36 IMAGINA VISUAL CENTER	229 HOTEL BARCELÓ RABAT
	44 HOTEL BARCELÓ ANFA CASABLANCA	230 CLUB MED OPIO
	58 HOTEL SOFITEL CASABLANCA TOUR BLANCHE	231 HOTEL SPA BOLQUÈRE
	70 BARCELÓ TANGER HOTEL	232 D'O NAMUR HOTEL
	82 CLUB MED MAGNA MARBELLA	233 HOTEL CLUB MED CHBIKA
	94 HOTEL NOVOTEL BARCELONA CITY	234 CAP TINGIS RESIDENTIAL
	104 CASA ULLÀ	235 CAP TINGUIS HOTEL
	116 PITCH & PUTT GUALTA	236 RADISSON ABIDJAN HOTEL
	122 CASA GUALTA	237 MAISON GERSDORFF
	132 AL MAADEN VILLAS	238 CLUB MED KEMER HOTEL
	142 MAMDA-MCMA HEADQUARTERS	239 NOVOTEL AND IBIS TANGER
	148 SFIHA CENTER AL HOCEIMA	240 PORT LIXUS HOTEL
	156 HOTEL SOUANI AL HOCEIMA BAY	241 CONAKRY PALACE OF NATIONS
	166 HOTEL MERCURE QUEMADO RESORT	242 TWIN TOWERS ABIDJAN
	174 CEGELEC HEADQUARTERS	243 MARINA TOWER CASABLANCA
	180 LLULL FAÇADE	244 MAS PINELL RESIDENTIAL
	186 QUARS MEGASTORE	245 SKIRAT RESIDENTIAL
	194 LES MYRIADES BOUSKOURA	246 RUDE DE DAVE NAMUR RESIDENTIAL
	202 ROYAL MANSOUR HOTEL CASABLANCA	247 LLAFRANC RESIDENTIAL
		248 MOHAMMEDIA RESIDENTIAL
		249 NOVOTEL TANGER HOTEL
	UNDER CONSTRUCTION	250 GREENTOWN
	220 LE MARCHÉ DAR ESSALAM	251 GROGNON I
	222 TOUR DE L'ENTENTE ABIDJAN	252 GROGNON II
	224 CASA BEGUR	253 GROGNON III
		254 **TEAM AND COLLABORATORS**

Born in 1954 in Namur - Belgium. In 1978 he graduated in Civil Engineering and Architecture at the Faculty of Applied Sciences of the Catholic University of Louvain (UCL) Belgium. Between 1978 and 1990 he collaborated as Director of Conception at Ricardo Bofill's Architecture Workshop in Barcelona. He was then Associate Director at the Ricardo Bofill Taller de Arquitectura Partnership International until 1994.

In 1994 he founded his own architecture, urban and interior design agency **PATRICK GENARD Y ASOCIADOS SLP** in Barcelona with associated offices in Paris and Brussels.
From his office in Poblenou, with an international and multidisciplinary team, he projects and builds works of various programmes (hotel, residential, audiovisual, offices and urban design) in several countries (Spain, Morocco, France, Portugal, Andorra, Belgium, Italy, Albania, Ivory Coast, Togo, Libya...) He also has an important number of projects and works of interior design and decoration.

Among others, Patrick Genard was awarded the **Premi Ciutat de Barcelona in 2008,** as winner of the first prize for Architecture and Urbanism.
He was also a finalist in the **2009 Mies Van der Rohe Award**, published in a catalogue.
His projects have appeared in many publications and media over the years.

Geboren 1954 in Namur - Belgien. Im Jahr 1978 schloss er sein Studium des Bauingenieurwesens und der Architektur an der Fakultät für angewandte Wissenschaften der Katholischen Universität Löwen (UCL) in Belgien ab. Zwischen 1978 und 1990 arbeitete er als Direktor für Konzeption in der Architekturwerkstatt von Ricardo Bofill in Barcelona. Anschließend war er bis 1994 stellvertretender Direktor des Ricardo Bofill Taller de Arquitectura Partnership International.

Im Jahr 1994 gründete er sein eigenes Büro für Architektur, Stadtplanung und Innenarchitektur **PATRICK GENARD Y ASOCIADOS SLP** in Barcelona mit angeschlossenen Büros in Paris und Brüssel.
Von seinem Büro in Poblenou aus projektiert und baut er mit einem internationalen und multidisziplinären Team Bauwerke verschiedener Programme (Hotels, Wohnhäuser, audiovisuelle Einrichtungen, Büros und Stadtplanung) in mehreren Ländern (Spanien, Marokko, Frankreich, Portugal, Andorra, Belgien, Italien, Albanien, Elfenbeinküste, Togo, Libyen...) Er hat auch eine große Anzahl von Projekten und Arbeiten im Bereich Innenarchitektur und Dekoration.

Unter anderem wurde Patrick Genard **2008 mit dem Premi Ciutat de Barcelona** ausgezeichnet, als Gewinner des ersten Preises für Architektur und Städtebau.
Außerdem **war er Finalist beim Mies Van der Rohe Award 2009**, der in einem Katalog veröffentlicht wurde.
Seine Projekte wurden im Laufe der Jahre in zahlreichen Publikationen und Medien veröffentlicht.

Né en 1954 à Namur - Belgique. En 1978, il obtient son diplôme d'ingénieur civil et d'architecte à la Faculté des sciences appliquées de l'Université catholique de Louvain (UCL), en Belgique. Entre 1978 et 1990, il a collaboré en tant que directeur de la conception à l'atelier d'architecture de Ricardo Bofill à Barcelone. Il a ensuite été directeur associé du Ricardo Bofill Taller de Arquitectura Partnership International jusqu'en 1994.

En 1994, il a fondé sa propre agence d'architecture, d'urbanisme et d'architecture d'intérieur, **PATRICK GENARD Y ASOCIADOS SLP**, à Barcelone, avec des bureaux associés à Paris et à Bruxelles.
Depuis son bureau de Poblenou, avec une équipe internationale et pluridisciplinaire, il projette et construit des ouvrages de différents programmes (hôtelier, résidentiel, audiovisuel, bureaux et design urbain) dans plusieurs pays (Espagne, Maroc, France, Portugal, Andorre, Belgique, Italie, Albanie, Côte d'Ivoire, Togo, Libye...) Il a également un nombre important de projets et d'ouvrages d'architecture d'intérieur et de décoration.

Patrick Genard a notamment reçu le **Premi Ciutat de Barcelona en 2008**, en tant que lauréat du premier prix d'architecture et d'urbanisme.
Il a également été finaliste du **prix Mies Van der Rohe 2009**, publié dans un catalogue.
Ses projets sont apparus dans de nombreuses publications et médias au fil des ans.

Nació en 1954 en Namur – Bélgica. En 1978 obtuvo el título de Ingeniero Civil y Arquitecto en la Facultad de Ciencias Aplicadas de la Universidad Católica de Lovaina (UCL) Bélgica. Entre 1978 y 1990 colaboró como Director de Concepción en el Taller de Arquitectura de Ricardo Bofill en Barcelona. A continuación, fue Director Asociado en el Ricardo Bofill Taller de Arquitectura Partnership Internacional hasta 1994.

En 1994 fundó su propia agencia de arquitectura, urbanismo y diseño de interiores **PATRICK GENARD Y ASOCIADOS SLP** en Barcelona con despachos asociados en París y Bruselas.
Desde su despacho en Poblenou, con un equipo internacional y multidisciplinar, proyecta y construye obras de programas variados (hotelero, residencial, audiovisual, oficinas y diseño urbano) en varios países (España, Marruecos, Francia, Portugal, Andorra, Bélgica, Italia Albania, Costa de Marfil, Togo, Libia...). También cuenta con un importante número de proyectos y obras de interiorismo y decoración.

Entre otros, Patrick Genard ha obtenido el **Premi Ciutat de Barcelona en 2008**, como ganador del primer premio de Arquitectura y Urbanismo.
También fue proyecto finalista y publicado en catalogo, del **premio Mies Van der Rohe 2009**.
Sus proyectos han aparecido en múltiples publicaciones y medios de comunicación a lo largo de los años.

DUODECALOG

> ARCHITECTURE IS AN ART, THE ART OF CREATING SPACE, OF CREATING EMPTINESS FROM FULLNESS. WHERE THE PROCESS IS AS IMPORTANT AS THE RESULT.

> A PROJECT MUST LEAVE AN "ENRICHED" PLACE AFTER ITS CONSTRUCTION.

> ARCHITECTURE MUST BE CONTEXTUAL, BUT IN THE BROADEST SENSE: GEOGRAPHICAL - FROM MICRO-PLACE TO COSMOS, HISTORICAL, CULTURAL.....

> THE ARCHITECT SHAPES MATTER AS AN EXTENSION OF NATURE BY MEANS OF GEOMETRY AS A LINK BETWEEN TANGIBLE REALITY AND THE WORLD OF IDEAS.

> ARCHITECTURE HAS TO BE AESTHETICALLY DESIRABLE, CONSTRUCTIVELY REASONABLE AND SOCIALLY JUSTIFIABLE.

> ARCHITECTURE HAS TO FUNCTION, TO RESPOND TO NEEDS WITHIN ECONOMIC AND SOCIAL PARAMETERS, TO USE ALL POSSIBLE TECHNIQUES, BUT NEVER AS AN END IN ITSELF, BUT AS A MEANS TO ACHIEVE HIGHER GOALS.

> ARCHITECTURE IS NEITHER AN EVER MORE COMPLICATED TECHNICAL FEAT, NOR A MENTAL AND THEORETICAL DISCOURSE, NOR A SPECTACLE BY DEFINITION ANTINOMICALLY OPPOSED TO ITS PERENNIALITY.

> OUR CRAFT IS TO BUILD EXTERIOR SPACES SO THAT PEOPLE CAN COME INTO CONTACT WITH THEIR INTERIOR SPACE.

> ARCHITECTURE IS A SENSITIVE EXPERIENCE OF SPACE THAT MAKES US CONNECT WITH THE COGNITIVE, WITH THE SPIRITUAL, WITH THE CONSCIENCE OF EACH ONE OF US.

> BECAUSE ARCHITECTURE BEGINS WHEN CONSTRUCTION ENDS. THERE IS ARCHITECTURE WHEN MAGIC OPERATES, WHEN MATTER CEASES TO BE MATTER, WHEN IT IS TRANSCENDED, WHEN IT WITHDRAWS, BLURS, BECOMES POETRY.

> THE COMPLICATED THING IS ART, THE PASSAGE FROM MATTER TO POETRY. AND THAT WHICH IS SO GREAT AND BEAUTIFUL IS TRANSLATED INTO SOMETHING AS SIMPLE AS A CONSTRUCTION WHICH, BY AN ACT OF ALCHEMY, CEASES TO BE SO AND BECOMES SOMETHING MUCH MORE PROFOUND AND ESSENTIAL THAT INVITES SILENCE AND HUMILITY.

> "ARCHITECTURE IS THE ART OF LIGHT AND SILENCE". LIGHT, AS A METAPHOR FOR THE SPIRIT, NEEDS MATTER TO APPEAR WHEN IT TOUCHES A SURFACE BUT, AT THE SAME TIME, MATTER NEEDS LIGHT TO BE PERCEIVED AND EXPERIENCED IN ORDER TO LITERALLY COME OUT OF THE DARKNESS AND EXIST. LIGHT AS A CATALYST FOR SPACE AND SILENCE AS A PRODUCT OF THE INNER EXPERIENCE OF SPACE. LIGHT AND SILENCE AS METAPHORS FOR SPACE AND TIME.

> ARCHITEKTUR IST EINE KUNST, DIE KUNST, RAUM ZU SCHAFFEN, AUS FÜLLE LEERE ZU MACHEN. DABEI IST DER PROZESS EBENSO WICHTIG WIE DAS ERGEBNIS.
> EIN PROJEKT MUSS NACH SEINEM BAU EINEN "BEREICHERTEN" ORT HINTERLASSEN.
> ARCHITEKTUR MUSS KONTEXTUELL SEIN, ABER IM WEITESTEN SINNE: GEOGRAFISCH - VOM MIKRO-ORT BIS ZUM KOSMOS, HISTORISCHEN, KULTURELLEN.....
> DER ARCHITEKT GESTALTET DIE MATERIE ALS ERWEITERUNG DER NATUR MIT HILFE DER GEOMETRIE ALS BINDEGLIED ZWISCHEN DER GREIFBAREN REALITÄT UND DER WELT DER IDEEN.
> ARCHITEKTUR MUSS ÄSTHETISCH BEGEHRENSWERT, KONSTRUKTIV SINNVOLL UND SOZIAL VERTRETBAR SEIN.
> ARCHITEKTUR MUSS FUNKTIONIEREN, AUF BEDÜRFNISSE INNERHALB WIRTSCHAFTLICHER UND SOZIALER PARAMETER REAGIEREN, ALLE MÖGLICHEN TECHNIKEN EINSETZEN, ABER NIEMALS ALS SELBSTZWECK, SONDERN ALS MITTEL ZUR ERREICHUNG HÖHERER ZIELE.
> ARCHITEKTUR IST WEDER EINE IMMER KOMPLIZIERTERE TECHNISCHE LEISTUNG, NOCH EIN GEDANKLICHER UND THEORETISCHER DISKURS, NOCH EIN SPEKTAKEL, DAS PER DEFINITIONEM ANTINOMISCH ZU SEINER DAUERHAFTIGKEIT STEHT.
> UNSER HANDWERK BESTEHT DARIN, AUSSENRÄUME ZU BAUEN, DAMIT DIE MENSCHEN MIT IHREM INNENRAUM IN BERÜHRUNG KOMMEN KÖNNEN.
> ARCHITEKTUR IST EINE SENSIBLE RAUMERFAHRUNG, DIE UNS MIT DEM KOGNITIVEN, MIT DEM SPIRITUELLEN, MIT DEM GEWISSEN EINES JEDEN VON UNS IN VERBINDUNG BRINGT.
> DENN ARCHITEKTUR BEGINNT DORT, WO DER BAU ENDET. ES GIBT ARCHITEKTUR, WENN MAGIE WIRKT, WENN DIE MATERIE AUFHÖRT, MATERIE ZU SEIN, WENN SIE TRANZENDIERT WIRD, WENN SIE SICH ZURÜCKZIEHT, VERSCHWIMMT, ZU POESIE WIRD.
> DAS KOMPLIZIERTE IST DIE KUNST, DER ÜBERGANG VON DER MATERIE ZUR POESIE. UND DAS, WAS SO GROSS UND SCHÖN IST, WIRD IN ETWAS SO EINFACHES WIE EINE KONSTRUKTION ÜBERSETZT, DIE DURCH EINEN AKT DER ALCHEMIE AUFHÖRT, SO ZU SEIN, UND ZU ETWAS VIEL TIEFEREM UND WESENTLICHEREM WIRD, DAS ZUR STILLE UND DEMUT EINLÄDT.
> "ARCHITEKTUR IST DIE KUNST DES LICHTS UND DER STILLE": DAS LICHT ALS METAPHER FÜR DEN GEIST BRAUCHT DIE MATERIE, UM ZU ERSCHEINEN, WENN ES EINE OBERFLÄCHE BERÜHRT, ABER GLEICHZEITIG BRAUCHT DIE MATERIE DAS LICHT, UM WAHRGENOMMEN UND ERFAHREN ZU WERDEN, DAMIT SIE BUCHSTÄBLICH AUS DER DUNKELHEIT HERAUSKOMMT UND EXISTIERT. LICHT ALS KATALYSATOR FÜR RAUM UND STILLE ALS PRODUKT DER INNEREN ERFAHRUNG VON RAUM. LICHT UND STILLE ALS METAPHERN FÜR RAUM UND ZEIT.

> L'ARCHITECTURE EST UN ART, L'ART DE CRÉER L'ESPACE, DE CRÉER LE VIDE À PARTIR DU PLEIN. LE PROCESSUS EST AUSSI IMPORTANT QUE LE RÉSULTAT.

> UN PROJET DOIT LAISSER UN LIEU "ENRICHI" APRÈS SA CONSTRUCTION.

> L'ARCHITECTURE DOIT ÊTRE CONTEXTUELLE, MAIS AU SENS LARGE : GÉOGRAPHIQUE - DU MICRO-LIEU AU COSMOS, HISTORIQUE, CULTUREL......

> L'ARCHITECTE FAÇONNE LA MATIÈRE COMME UNE EXTENSION DE LA NATURE AU MOYEN DE LA GÉOMÉTRIE COMME LIEN ENTRE LA RÉALITÉ TANGIBLE ET LE MONDE DES IDÉES.

> L'ARCHITECTURE DOIT ÊTRE ESTHÉTIQUEMENT DÉSIRABLE, CONSTRUCTIVEMENT RAISONNABLE ET SOCIALEMENT JUSTIFIABLE.

> L'ARCHITECTURE DOIT FONCTIONNER, RÉPONDRE AUX BESOINS DANS LE CADRE DE PARAMÈTRES ÉCONOMIQUES ET SOCIAUX, UTILISER TOUTES LES TECHNIQUES POSSIBLES, MAIS JAMAIS COMME UNE FIN EN SOI, MAIS COMME UN MOYEN D'ATTEINDRE DES OBJECTIFS PLUS ÉLEVÉS.

> L'ARCHITECTURE N'EST NI UNE PROUESSE TECHNIQUE TOUJOURS PLUS COMPLIQUÉE, NI UN DISCOURS MENTAL ET THÉORIQUE, NI UN SPECTACLE PAR DÉFINITION ANTINOMIQUE DE SA PÉRENNITÉ.

> NOTRE MÉTIER CONSISTE À CONSTRUIRE DES ESPACES EXTÉRIEURS POUR QUE LES GENS PUISSENT ENTRER EN CONTACT AVEC LEUR ESPACE INTÉRIEUR.

> L'ARCHITECTURE EST UNE EXPÉRIENCE SENSIBLE DE L'ESPACE QUI NOUS MET EN RELATION AVEC LE COGNITIF, AVEC LE SPIRITUEL, AVEC LA CONSCIENCE DE CHACUN D'ENTRE NOUS.

> PARCE QUE L'ARCHITECTURE COMMENCE QUAND LA CONSTRUCTION SE TERMINE. IL Y A ARCHITECTURE QUAND LA MAGIE OPÈRE, QUAND LA MATIÈRE CESSE D'ÊTRE MATIÈRE, QUAND ELLE EST TRANSCENDÉE, QUAND ELLE SE RETIRE, SE BROUILLE, DEVIENT POÉSIE.

> CE QUI EST COMPLIQUÉ, C'EST L'ART, LE PASSAGE DE LA MATIÈRE À LA POÉSIE. ET CE QUI EST SI GRAND ET SI BEAU SE TRADUIT PAR QUELQUE CHOSE D'AUSSI SIMPLE QU'UNE CONSTRUCTION QUI, PAR UN ACTE D'ALCHIMIE, CESSE DE L'ÊTRE POUR DEVENIR QUELQUE CHOSE DE BEAUCOUP PLUS PROFOND ET ESSENTIEL QUI INVITE AU SILENCE ET À L'HUMILITÉ.

> LA LUMIÈRE, MÉTAPHORE DE L'ESPRIT, A BESOIN DE LA MATIÈRE POUR APPARAÎTRE LORSQU'ELLE TOUCHE UNE SURFACE MAIS, EN MÊME TEMPS, LA MATIÈRE A BESOIN DE LA LUMIÈRE POUR ÊTRE PERÇUE ET EXPÉRIMENTÉE AFIN DE SORTIR LITTÉRALEMENT DE L'OBSCURITÉ ET D'EXISTER. LA LUMIÈRE COMME CATALYSEUR DE L'ESPACE ET LE SILENCE COMME PRODUIT DE L'EXPÉRIENCE INTÉRIEURE DE L'ESPACE. LA LUMIÈRE ET LE SILENCE COMME MÉTAPHORES DE L'ESPACE ET DU TEMPS.

> LA ARQUITECTURA ES UN ARTE, EL ARTE DE CREAR ESPACIO, DE CREAR VACÍO A PARTIR DEL LLENO. DONDE EL PROCESO ES TAN IMPORTANTE COMO EL RESULTADO.
> UN PROYECTO DEBE DEJAR UN LUGAR "ENRIQUECIDO" DESPUÉS DE SU EDIFICACIÓN.
> LA ARQUITECTURA DEBE DE SER CONTEXTUAL, PERO EN EL SENTIDO MÁS AMPLIO: GEOGRÁFICO – DEL MICRO LUGAR AL COSMOS, HISTÓRICO, CULTURAL....
> EL ARQUITECTO MOLDEA LA MATERIA COMO EXTENSIÓN DE LA NATURALEZA POR MEDIO DE LA GEOMETRÍA COMO NEXO ENTRE LA REALIDAD TANGIBLE Y EL MUNDO DE LAS IDEAS.
> LA ARQUITECTURA TIENE QUE SER ESTÉTICAMENTE DESEABLE, CONSTRUCTIVAMENTE RAZONABLE Y SOCIALMENTE JUSTIFICABLE.
> LA ARQUITECTURA TIENE QUE FUNCIONAR, RESPONDER A UNAS NECESIDADES DENTRO DE UNOS PARÁMETROS ECONÓMICOS Y SOCIALES, UTILIZAR TODAS LAS TÉCNICAS POSIBLES, PERO NUNCA COMO UN FIN EN SÍ, SINO COMO MEDIOS PARA LOGRAR METAS MAS ELEVADAS.
> LA ARQUITECTURA NO ES NI UNAS PROEZAS TÉCNICAS CADA VEZ MAS COMPLICADAS NI UN DISCURSO MENTAL Y TEÓRICO, NI UN ESPECTÁCULO POR DEFINICIÓN ANTINÓMICAMENTE AL OPUESTO DE SU PERENNIDAD.
> NUESTRO OFICIO ES CONSTRUIR ESPACIOS EXTERIORES PARA QUE LA GENTE PUEDA ENTRAR EN CONTACTO CON SU ESPACIO INTERIOR.
> LA ARQUITECTURA ES UNA EXPERIENCIA SENSIBLE DEL ESPACIO QUE NOS HACE CONECTAR CON LO COGNITIVO, CON LO ESPIRITUAL, CON LA CONCIENCIA DE CADA UNO.
> PORQUE LA ARQUITECTURA EMPIEZA CUANDO ACABA LA CONSTRUCCIÓN. HAY ARQUITECTURA CUANDO OPERA LA MAGIA, CUANDO LA MATERIA DEJA DE SER MATERIA, CUANDO ES TRASCENDIDA, CUANDO SE RETRAE, SE DESDIBUJA, SE VUELVE POESÍA.
> LO COMPLICADO ES EL ARTE, EL PASO DE LA MATERIA A LA POESÍA. Y ESO QUE ES TAN GRANDE Y BELLO SE TRADUCE EN ALGO TAN SIMPLE COMO UNA CONSTRUCCIÓN QUE, POR ACTO DE ALQUIMIA, DEJA DE SERLO PARA TRANSFORMARSE EN ALGO MUCHO MAS PROFUNDO Y ESENCIAL QUE INVITA AL SILENCIO Y A LA HUMILDAD.
> "LA ARQUITECTURA ES EL ARTE DE LA LUZ Y DEL SILENCIO" LA LUZ, COMO METÁFORA DEL ESPÍRITU, NECESITA LA MATERIA PARA APARECER CUANDO TOCA UNA SUPERFICIE PERO, A LA VEZ, LA MATERIA NECESITA LA LUZ PARA SER PERCIBIDA Y EXPERIMENTADA PARA, LITERALMENTE, SALIR DE LA OSCURIDAD Y EXISTIR. LA LUZ COMO CATALIZADOR DEL ESPACIO Y EL SILENCIO COMO PRODUCTO DE LA EXPERIENCIA INTERIOR DEL ESPACIO. LA LUZ Y EL SILENCIO COMO METÁFORAS DEL ESPACIO Y EL TIEMPO.

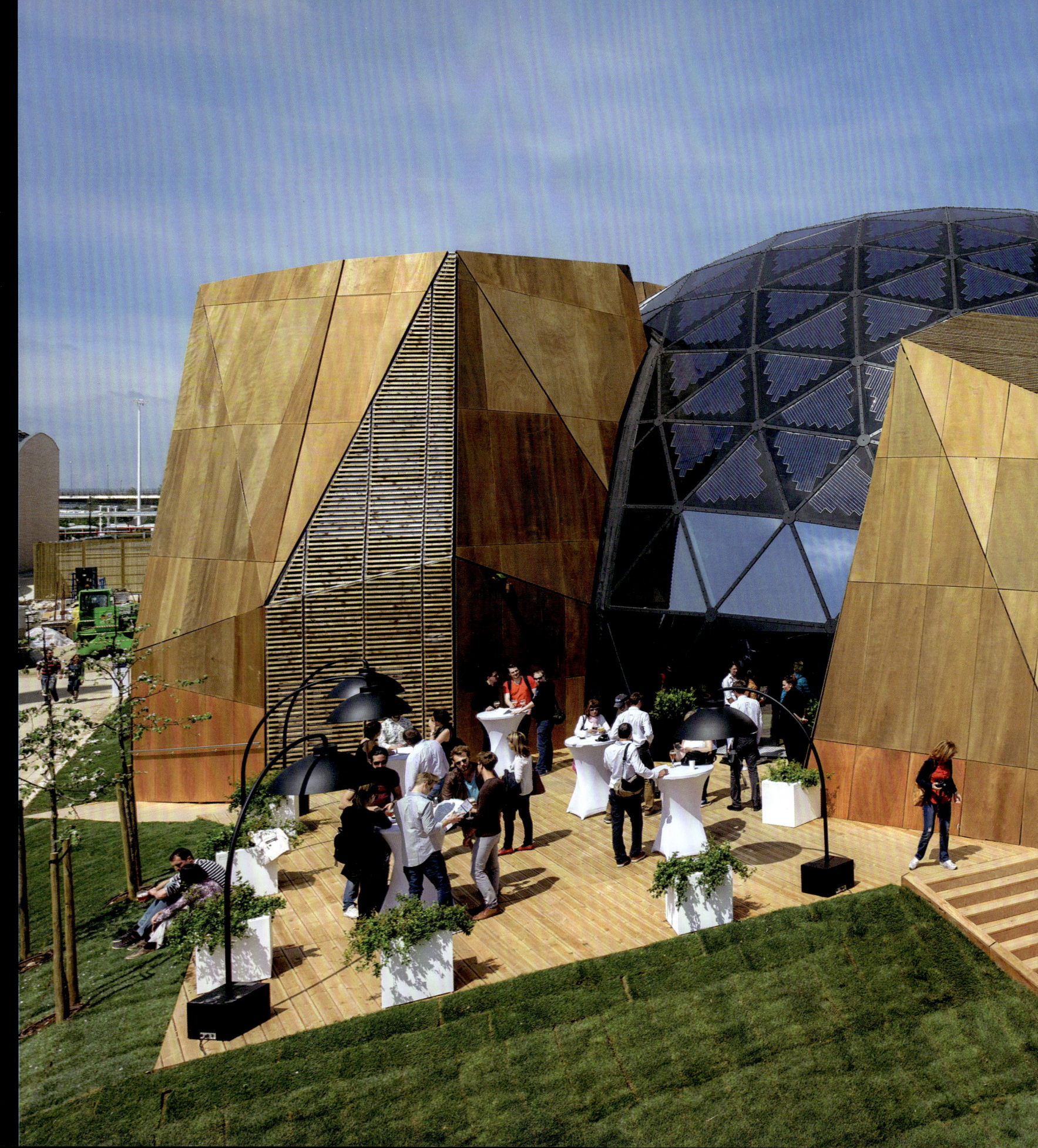

BELGIUM PAVILION
EXPO MILANO 2015

> Milano, Italy
> 2717 m²
> Architecture, interior design and scenography
> Exhibition Pavilion 2015 (2021 reconstruction in Namur, Belgium)

© Pygmalion Karatzaz, Dirk Verwoerd, Patrick Genard, Philippe Piraux

The pavilion was structured around the sustainability on a territorial scale and land development concept. Following Alberti's formula: "The house is a small city and the city a large house", the project proposes a reduced representation of an excellent urban planning solution: the "Lobe City". This model proposes green inserts aimed at the centre that separate the neighborhoods, oxygenate the city in its centre and allow the preservation of a concentric network of rings that efficiently communicate the different quarters.

Der Pavillon wurde rund um das Konzept der Nachhaltigkeit auf territorialer Ebene und der Stadtentwicklung strukturiert. Gemäß Albertis Maxime: „Die Stadt ist ein großes Haus und das Haus ist eine kleine Stadt". Die Idee war, eine kleinere Version einer hervorragenden städtebaulichen Lösung zu schaffen: die „Lobe City". Dieses Modell bietet zur Mitte hin ausgerichtete grüne Einsätze, die die Stadtteile voneinander trennen, die Stadt in ihrem Zentrum mit Sauerstoff versorgen und die Erhaltung eines konzentrischen Netzes von Ringen ermöglichen, die effektiv zwischen den verschiedenen Stadtteilen kommunizieren.

Le pavillon s'est structuré autour du concept de durabilité à l'échelle territoriale et de développement urbain. Selon la maxime d'Alberti : « La ville est une grande maison et la maison est une petite ville ». L'idée était de créer une version réduite d'une excellente solution d'urbanisme : la « Lobe City ». Ce modèle propose des inserts verts orientés vers le centre qui séparent les quartiers, oxygènent la ville en son centre et permettent la préservation d'un réseau concentrique d'anneaux qui communiquent efficacement entre les différents quartiers.

El pabellón fue estructurado en torno al concepto de sostenibilidad a escala territorial y desarrollo urbano. Según la máxima de Alberti: "La ciudad es una casa grande y la casa es una ciudad pequeña". Se trataba de crear una versión reducida de una excelente solución de planificación urbana: la "Lobe City". Este modelo propone inserciones verdes dirigidas al centro que separan los barrios, oxigenan la ciudad en su centro y permiten conservar una red concéntrica de anillos que comunican eficientemente los distintos barrios.

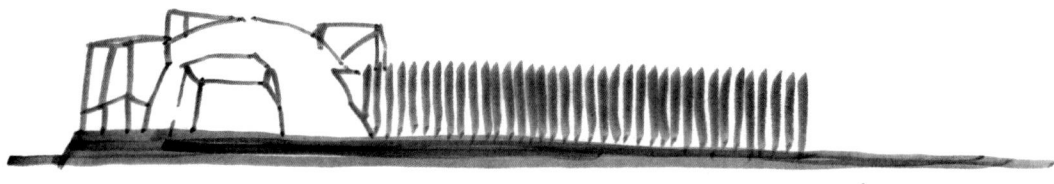

The volumes of the pavilion allude to Belgian agricultural or horticultural architecture: the glazed geodesic canopy presents itself as a reference to the grand Royal Greenhouses of Laeken; the first volume, reinterprets the traditional Belgian farmhouse, elongated and with a gabled roof; as well as the faceted wood volumes with contemporary organic shapes that reunite both eras.

Die verschiedenen Körper des Pavillons spielen auf die belgische Landwirtschafts- oder Gartenbauarchitektur an: Die verglaste geodätische Kuppel bezieht sich auf die großen königlichen Gewächshäuser in Laeken, das Volumen des Eingangs interpretiert die traditionelle Morphologie des belgischen Bauernhofs neu, langgestreckt und mit einem Satteldach bedeckt, sowie die facettierten Holzpavillons mit zeitgenössischen organischen Formen, die die beiden Epochen miteinander verknüpfen.

Les différents corps du pavillon font allusion à l'architecture agricole ou horticole belge : la coupole géodésique vitrée fait référence aux grandes serres royales de Laeken, le volume de l'entrée réinterprète la morphologie traditionnelle de la ferme belge, allongée et coiffée d'un toit à deux versants, ainsi que les pavillons en bois facettés aux formes organiques contemporaines qui relient les deux époques.

Los distintos cuerpos del pabellón hacen alusión a la arquitectura agrícola u hortícola belga: la cúpula geodésica vidriada hace referencia a los grandes invernaderos reales de Laeken, el volumen del acceso reinterpreta la morfología tradicional de la granja belga, alargada y con techo a dos aguas, así como los pabellones de madera facetada de formas orgánicas contemporáneas que vinculan ambas épocas.

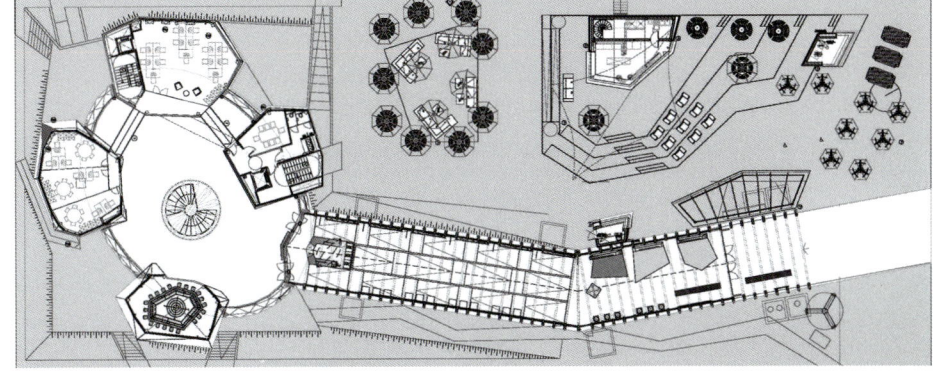

General plan

Section

16 // BELGIUM PAVILION - EXPO MILANO 2015

The pavilion allowed visitors to learn about the Belgian identity, technological innovation as well as new proposals in the field of food and ecology (aquaponics, hydroponics, entomophagy, mushroom and algae cultivation...).

Der Pavillon erlaubt den Besuchern sich über die belgische Identität, technologische Innovationen, sowie neue Vorschläge im Bereich Lebensmittel und Ökologie (Aquaponik, Hydrokultur, Entomophagie, Pilz und Algenzucht zu informieren.

Le pavillon a permis aux visiteurs de découvrir l'identité belge, l'innovation technologique ainsi que les nouvelles propositions dans le domaine de l'alimentation et de l'écologie (aquaponie, hydroponie, entomophagie, culture de champignons et d'algues...).

El pabellón permitió a los visitantes conocer la identidad belga, la innovación tecnológica así como nuevas propuestas en el campo de la alimentación y la ecología (acuaponía, hidroponía, entomofagia, cultivo de hongos y algas...).

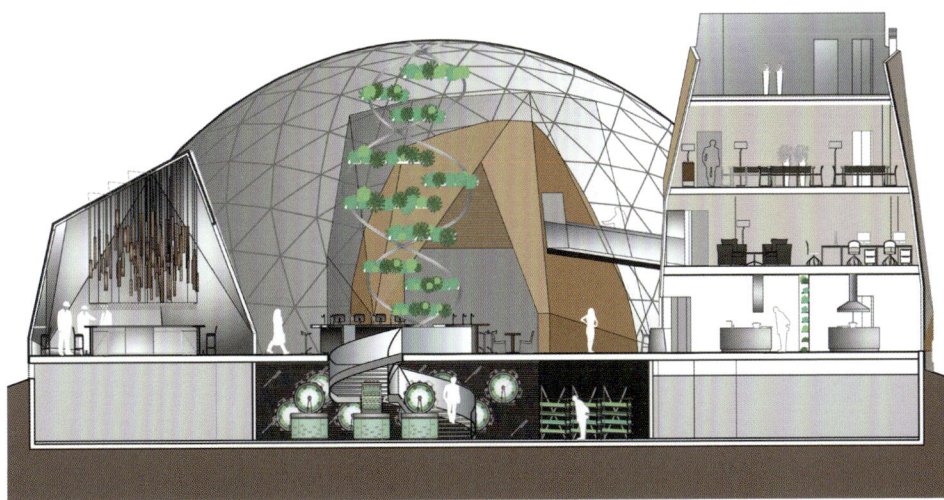

Section

BELGIUM PAVILION - EXPO MILANO 2015 // 17

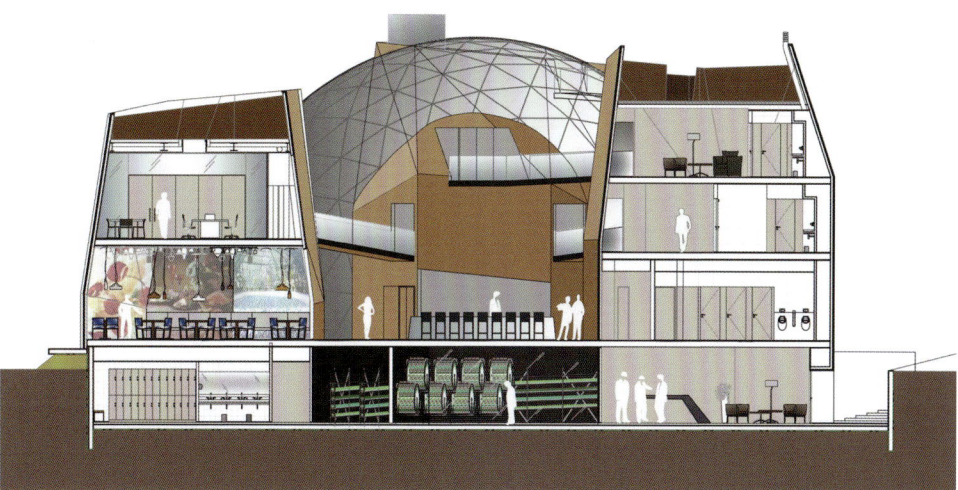

Section

The city of Namur bought the pavilion and has rebuilt it on the esplanade of the Citadelle, at the highest point of the city with magnificent views, to be used as the headquarters of the KIKK Society dedicated to exploring digital cultures and technologies.

Die Stadt Namur kaufte den Pavillon und baute ihn auf der Esplanade de la Citadelle, am höchsten Punkt der Stadt mit einer herrlichen Aussicht, wieder auf, um ihn zum Sitz der KIKK Society zu machen, die sich der Erforschung digitaler Kulturen und Technologien widmet.

La ville de Namur a acheté le pavillon et l'a reconstruit sur l'esplanade de la Citadelle, au point culminant de la ville avec une vue magnifique, pour en faire le siège de la KIKK Society dédiée à l'exploration des cultures et des technologies numériques.

La ciudad de Namur compró el pabellón y lo ha reconstruido en la explanada de la Citadelle, en el punto más alto de la ciudad con magníficas vistas, para ser utilizado como sede de la Sociedad KIKK dedicada a explorar las culturas y tecnologías digitales.

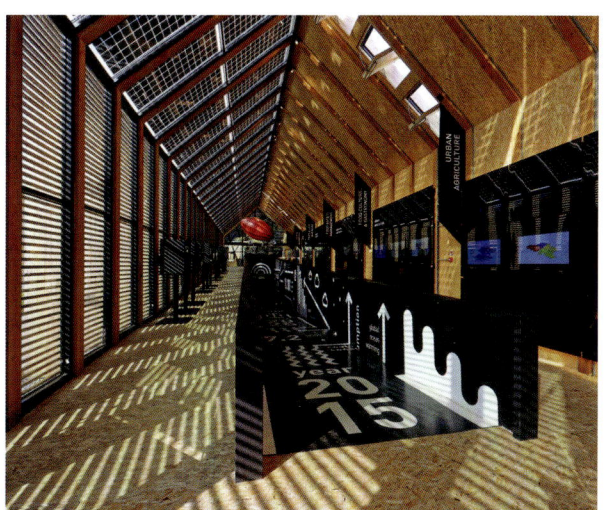

MEDIACOMPLEX 22@

> Barcelona, Spain
> 52.000 m²
> Architecture and interior design
> Audiovisual production center and corporate headquarters
> 2008

© Alejo Bague, Wenzel, García Ponti, Francisco Cepeda, Patrick Genard

The design, by Patrick Genard & Asociados and Carlos Ferrater & Asociados, responds to the strong local urban context while complying with the complex program by dividing itself into two polarized elements. The factory is a solid, horizontal block, aligned, as a continuation of an existing 19th-century industrial building. In contrast, the tower, oriented vertically, expresses in its plans the changes in the pattern of the underlying street. The factory is opaque and smooth with perforated copper panels that filter daylight, while the tower features a strong vertical grid of copper-colored screens that provide shade to the glazed façade. Both elements share proportions and extensive use of copper as a unifying material.

Das Projekt von Patrick Genard & Associés und Carlos Ferrater & Associés reagiert auf den starken lokalen städtischen Kontext und hält gleichzeitig das komplexe Programm ein, indem es sich in zwei polarisierte Elemente aufteilt. Die Fabrik ist ein massiver, horizontal ausgerichteter Block in der Verlängerung eines bestehenden Industriegebäudes aus dem 19. Der vertikal ausgerichtete Turm hingegen drückt in seinen Grundrissen die Veränderungen im Verlauf der darunter liegenden Straße aus. Die Fabrik ist undurchsichtig und glatt mit perforierten Kupferpaneelen, die das Tageslicht filtern, während der Turm ein starkes vertikales Raster aus kupferfarbenen Schirmen aufweist, die Schatten für die Glasfassade spenden. Beide Elemente teilen sich die Proportionen und die intensive Verwendung von Kupfer als verbindendes Material.

Le projet, signé Patrick Genard & Associés et Carlos Ferrater & Associés, répond au contexte urbain local fort tout en respectant le programme complexe en se divisant en deux éléments polarisés. L'usine est un bloc massif et horizontal, aligné, dans le prolongement d'un bâtiment industriel existant du 19e siècle. En revanche, la tour, orientée verticalement, exprime dans ses plans les changements dans le tracé de la rue sous-jacente. L'usine est opaque et lisse avec des panneaux de cuivre perforés qui filtrent la lumière du jour, tandis que la tour présente une forte grille verticale d'écrans de couleur cuivre qui fournissent de l'ombre à la façade vitrée. Les deux éléments partagent des proportions et une utilisation intensive du cuivre comme matériau unificateur.

El diseño, de Patrick Genard & Asociados y Carlos Ferrater & Asociados, responde al fuerte contexto urbano local al mismo tiempo que cumple con el complejo programa dividiéndose en dos elementos polarizados. La fábrica es un bloque sólido y horizontal, alineado, como continuación de un edificio industrial del siglo XIX existente. En contraste, la torre, orientada verticalmente, expresa en sus plantas los cambios en el patrón de la calle subyacente. La fábrica es opaca y lisa con paneles de cobre perforado que filtran la luz del día, mientras que la torre presenta una fuerte cuadrícula vertical de pantallas de color cobre que proporcionan sombra a la fachada acristalada. Ambos elementos comparten proporciones y un uso extenso de cobre como material unificador.

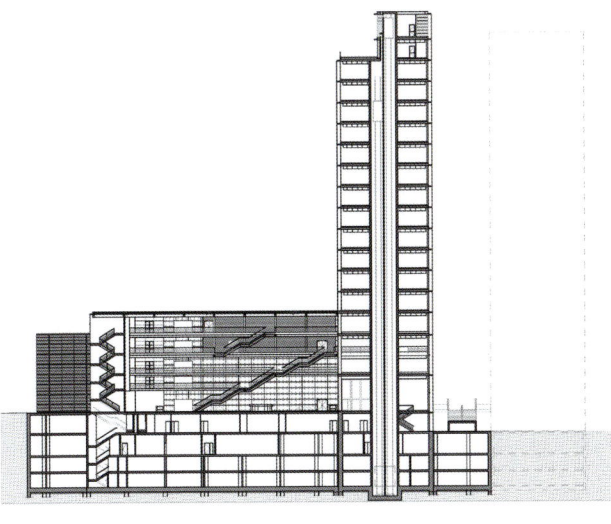
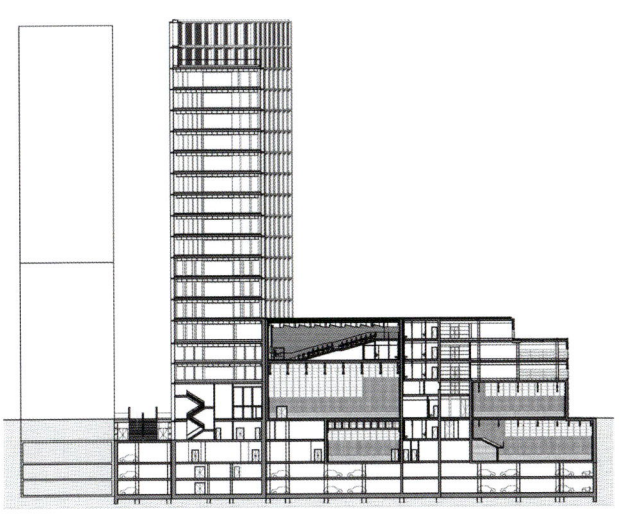
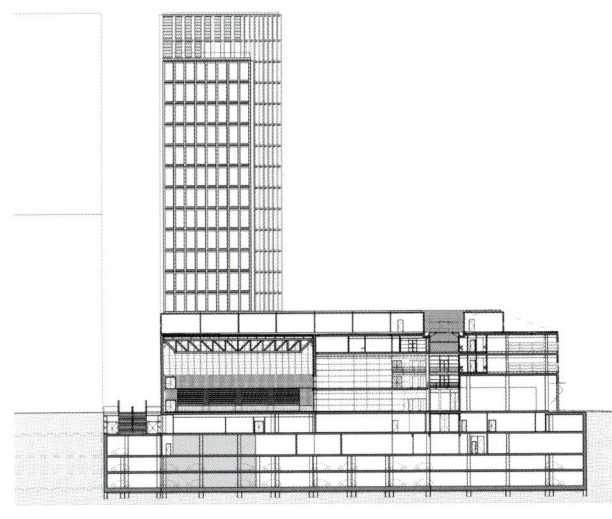

Sections

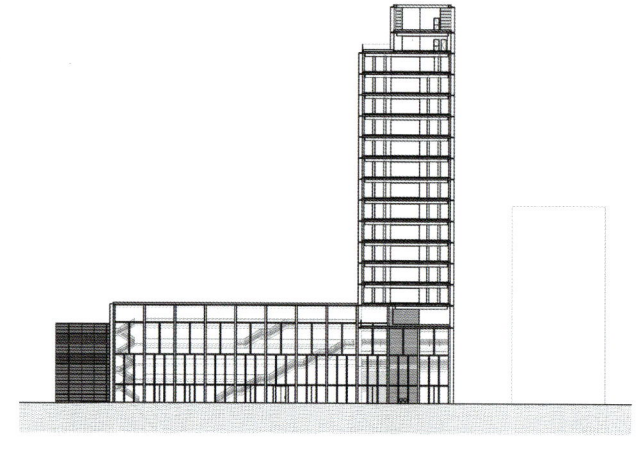
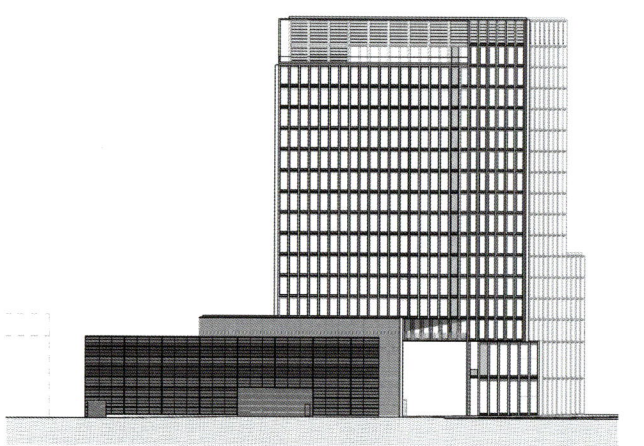
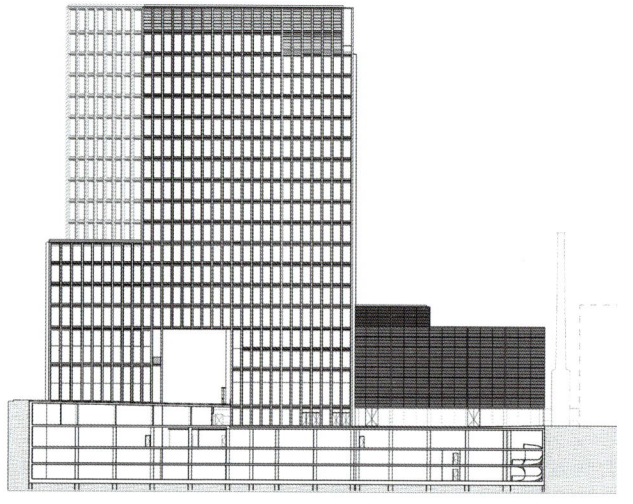

Façades

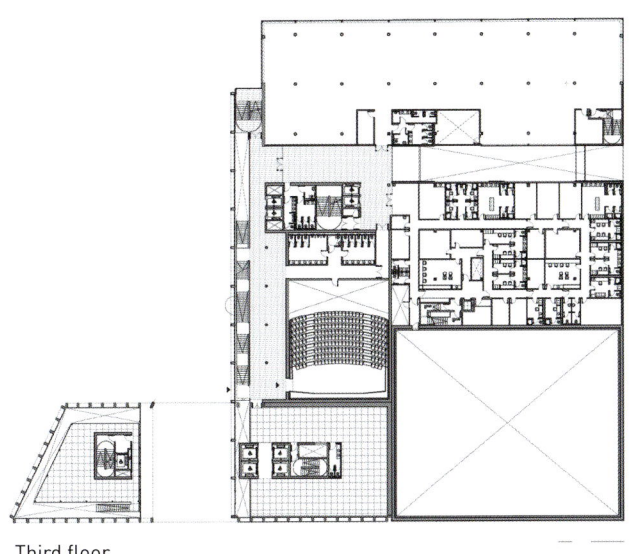

Third floor

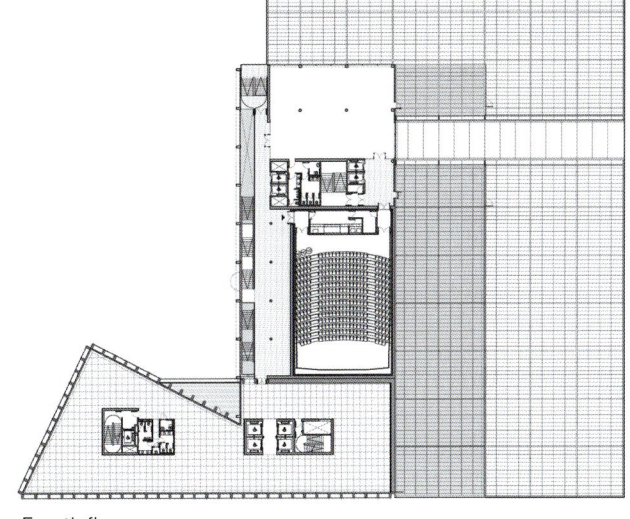

Fourth floor

The project brings together various audiovisual activities including: research, teaching, production and creativity, taking into account the urban complexity of the site where both buildings are born in synergy.

Das Projekt vereint verschiedene audiovisuelle Aktivitäten wie Forschung, Lehre, Produktion und Kreativität und berücksichtigt die städtebauliche Komplexität des Ortes, an dem die beiden Gebäude in Synergie entstehen.

Le projet rassemble diverses activités audiovisuelles, notamment la recherche, l'enseignement, la production et la créativité, en tenant compte de la complexité urbaine du site où les deux bâtiments sont nés en synergie.

El proyecto reúne diversas actividades audiovisuales que incluyen: la investigación, la docencia, la producción y la creatividad teniendo en cuenta la complejidad urbana del sitio en donde ambos edificios nacen en sinergia.

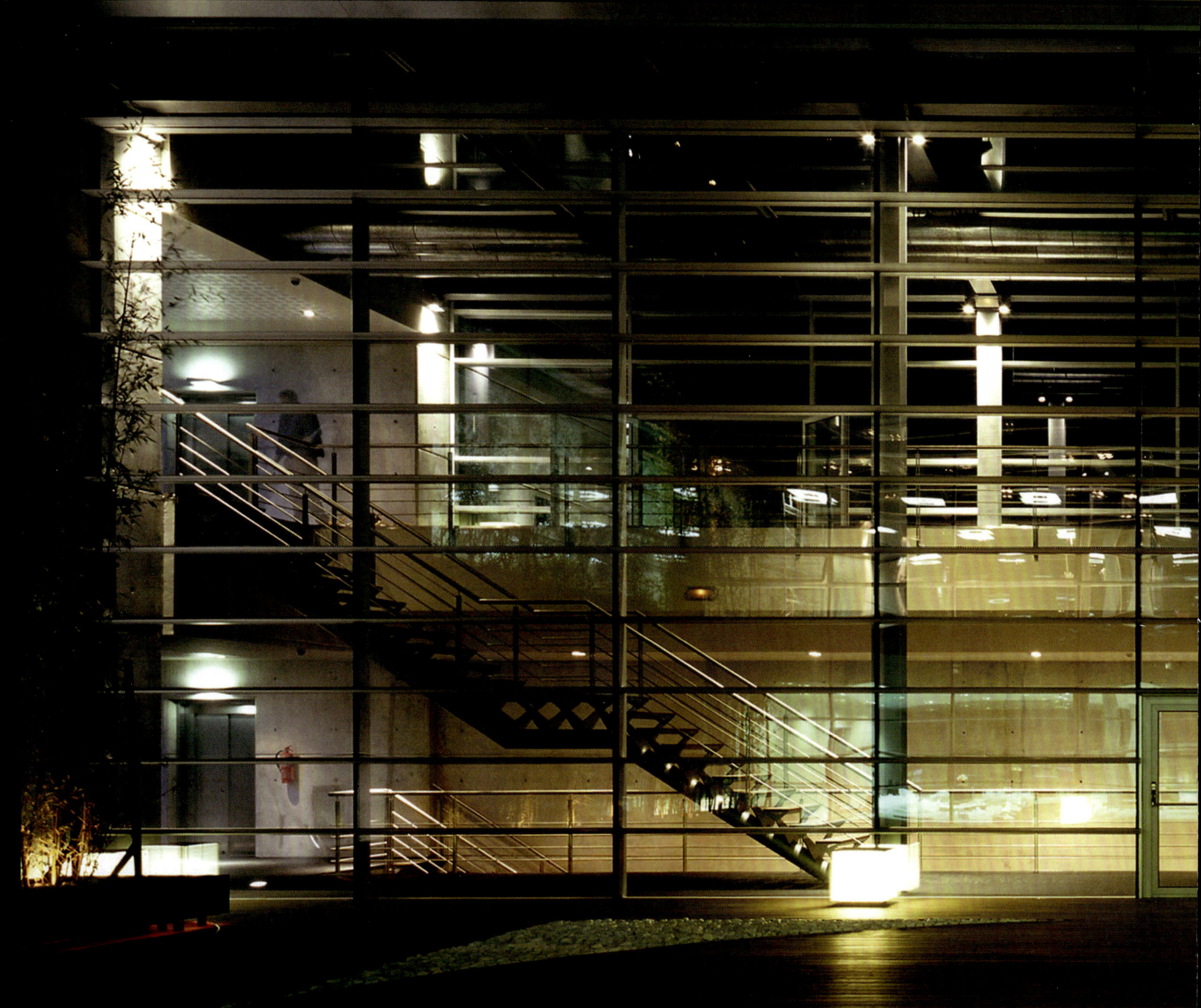

IMAGINA VISUA

IMAGINA VISUAL CENTER

> Barcelona, Spain
> 30.000 m²
> Rehabilitation
  Architecture and interior design
> Audiovisual production center
  and corporate headquarters
> 2005

© Mediapro, Patrick Genard

Multidisciplinary space of the Mediapro Group dedicated to the audiovisual production and broadcasting. Born from the rehabilitation of an existing factory, recovering the solid beauty of red brick by fusing it with the transparent delicacy of glass. The result is a technologically advanced building that perfectly combines tradition and avant-garde under sustainability criteria, including a huge roof of glazed sandwich panels that integrate photovoltaic cells and convert sunlight into electrical energy.

Multidisziplinärer Raum der Mediapro-Gruppe, der der audiovisuellen Produktion und Verbreitung gewidmet ist. Er entstand durch die Sanierung einer alten Fabrik, wobei die solide Schönheit des roten Backsteins zurückgewonnen und mit der transparenten Zartheit des Glases verschmolzen wurde. Das Ergebnis ist ein technologisch fortschrittliches Gebäude, das Tradition und Avantgarde nach Kriterien der Nachhaltigkeit perfekt miteinander verbindet, einschließlich eines riesigen Dachs aus verglasten Sandwichpaneelen, in die Photovoltaikzellen integriert sind und die Sonnenlicht in elektrische Energie umwandeln.

Espace pluridisciplinaire du groupe Mediapro dédié à la production et à la diffusion audiovisuelle. Il est né de la réhabilitation d'une ancienne usine, récupérant la beauté solide de la brique rouge en la fusionnant avec la délicatesse transparente du verre. Le résultat est un bâtiment technologiquement avancé qui combine parfaitement tradition et avant-garde selon des critères de durabilité, y compris un immense toit de panneaux sandwich vitrés qui intègrent des cellules photovoltaïques et convertissent la lumière du soleil en énergie électrique.

Espacio multidisciplinar del grupo Mediapro dedicado a la producción y divulgación audiovisual. Nace a partir de la rehabilitación de una antigua fábrica, recuperando la sólida belleza del ladrillo rojo fusionándola con la transparente delicadeza del vidrio. El resultado es un edificio tecnológicamente avanzado que combina a la perfección tradición y vanguardia bajo criterios de sostenibilidad incluyendo una enorme cubierta de paneles sándwich acristalados que integran las células fotovoltaicas y que convierten la luz solar en energía eléctrica.

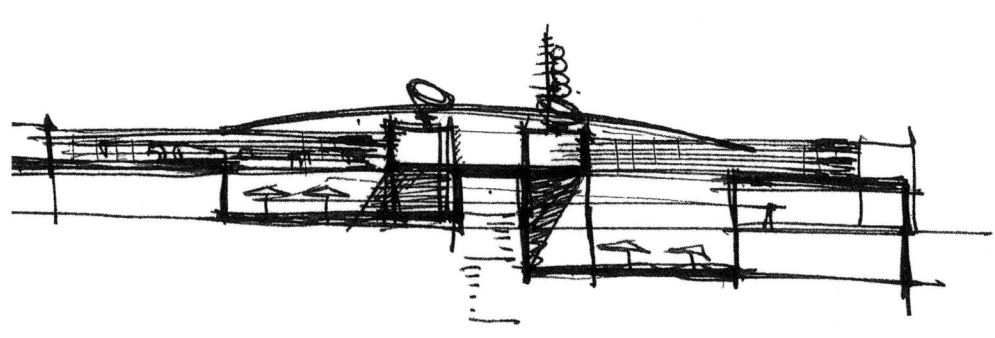

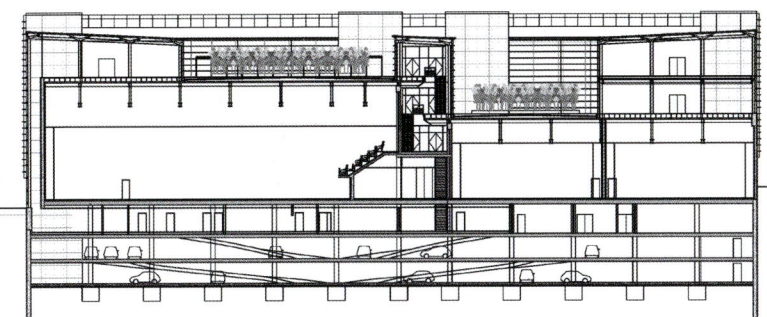
Section

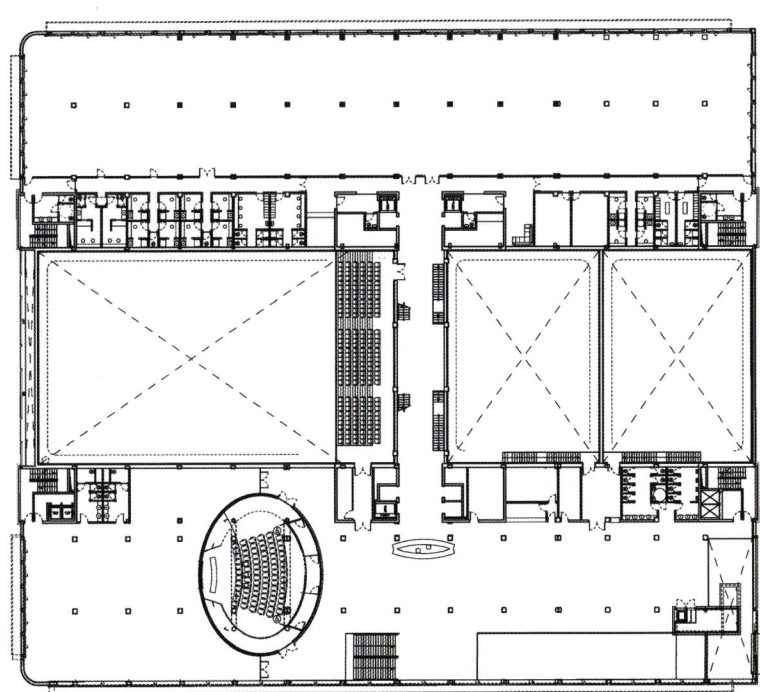
General plan

IMAGINA VISUAL CENTER // 41

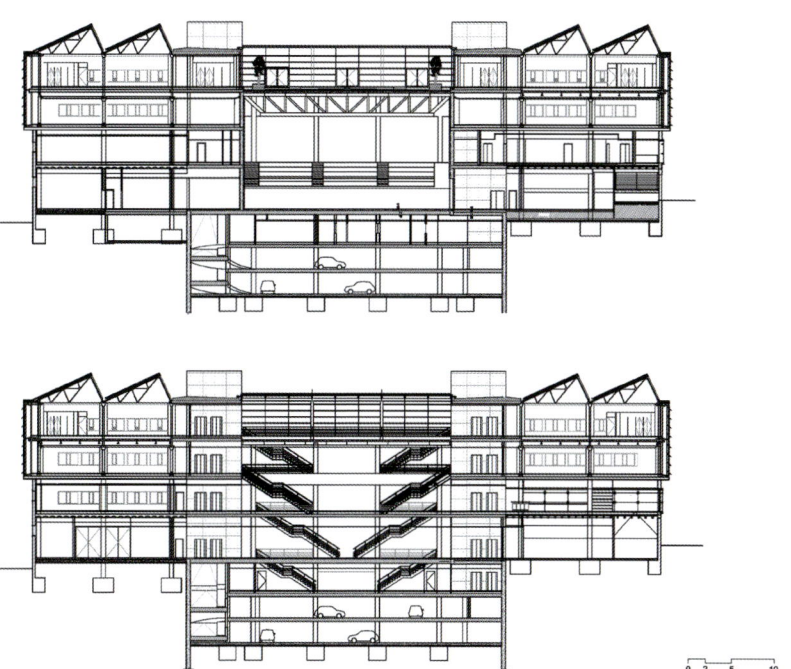

Sections

IMAGINA VISUAL CENTER // 43

HOTEL BARCELÓ
ANFA CASABLANCA

> Casablanca, Morocco
> 22.000 m²
> Rehabilitation
  Architecture and interior design
> 5-star hotel // 206 rooms
> 2020

© Eugeni Pons, Barceló, Patrick Genard

The Barceló Anfa Casablanca grants new life into the Rivoli hotel emblematic building and takes advantage of the modernist style of its interesting façade composed by a superposition of intertwined cubes and generous high-rise public spaces, like the grand conference ballroom. A spectacular façade has been created by redoing the faces of the cubes and providing generous glazed openings and terraces with views of the animated city. The previously blind base of the hotel has been completely transformed by opening it up, with a generous triple-height glass curtain wall creating a giant screen/window connecting the hotel to Anfa Boulevard.

Das neue Barceló Anfa in Casablanca erweckt das ikonische Gebäude des Rivoli-Hotels zu neuem Leben und nutzt den modernistischen Stil seiner interessanten Fassade, die aus einer Überlagerung von ineinandergreifenden Würfeln besteht, sowie die großzügigen, hohen öffentlichen Bereiche, wie den grandiosen Kongresssaal. Eine spektakuläre Fassade wurde durch die Überarbeitung der Würfelflächen geschaffen und brachte großzügige Glasöffnungen und Terrassen mit sich, von denen aus man einen herrlichen Blick auf das Treiben in der Stadt hat. Der zuvor blinde Sockel des Hotels wurde durch eine großzügige, dreifach hohe Glasfassade, die das Hotel mit dem Anfa Boulevard verbindet, völlig umgestaltet.

Le nouveau Barceló Anfa de Casablanca fait revivre le bâtiment emblématique de l'Hôtel Rivoli et tire parti du style moderniste de son intéressante façade composée d'une superposition de cubes imbriqués, et de généreux espaces publics de grande hauteur, à l'image de la grandiose salle des congrès. Une spectaculaire façade est créée en retravaillant les faces des cubes, apportant de généreuses ouvertures vitrées et des terrasses surplombant une vue superbe sur l'animation de la ville. La base de l'hôtel, auparavant aveugle, a été complètement transformée en l'ouvrant, avec un généreux mur-rideau en verre à triple hauteur créant un écran/fenêtre géant reliant l'hôtel au boulevard Anfa.

El Barceló Anfa Casablanca da una nueva vida al emblemático edificio del Hotel Rivoli y aprovecha el estilo modernista de su interesante fachada compuesta por una superposición de cubos imbricados y por generosos espacios públicos de gran altura, a imagen de la grandiosa sala de congresos. Se ha creado una espectacular fachada rehaciendo las caras de los cubos y aportando generosas aperturas acristaladas y terrazas con vistas hacia la animada ciudad. La base, antes ciega del hotel se ha transformado totalmente, abriéndola, con un generoso muro cortina de vidrio de triple altura, que crea una pantalla/vitrina gigante que conecta el hotel con el bulevar Anfa.

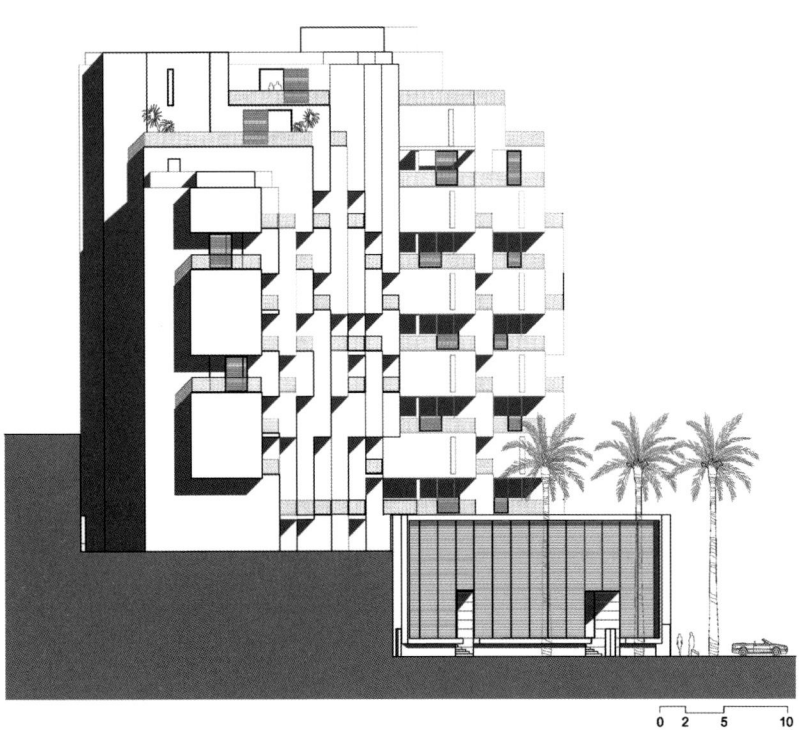

Façades

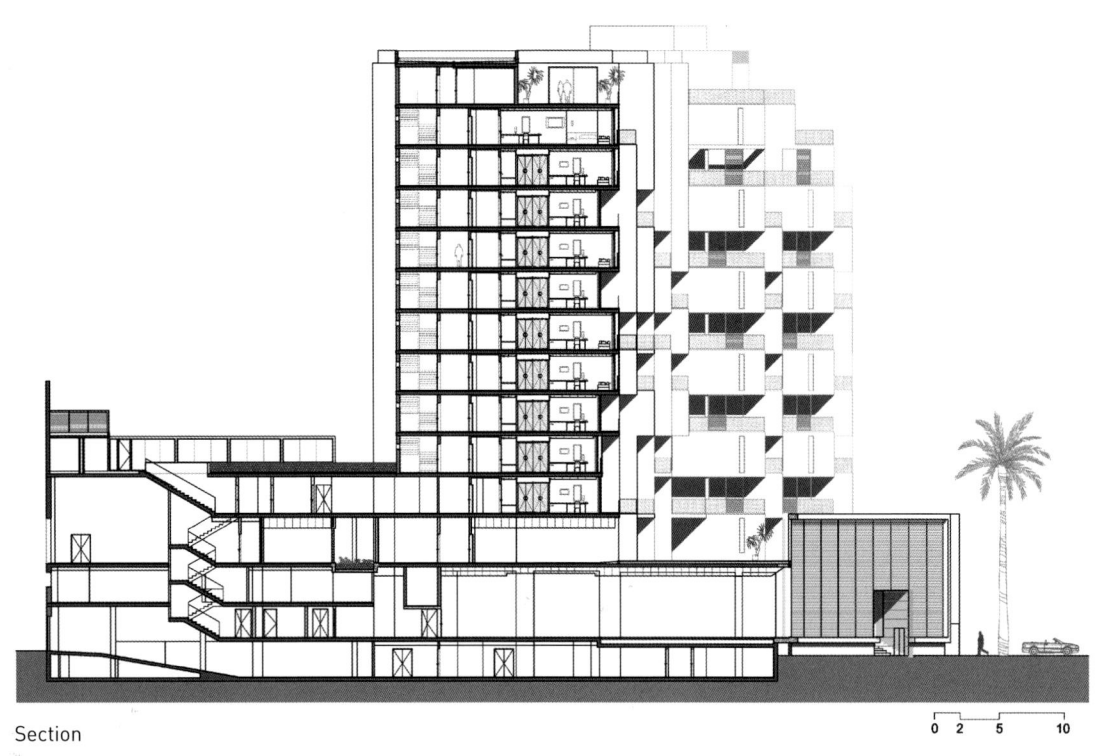

Section

HOTEL BARCELÓ ANFA CASABLANCA // 49

The Art Deco design, inspired by the oblique grid of the building, becomes the pattern that will serve as the common thread of the hotel's decoration, incorporating the richness of the Moroccan palette in the ambience, style, materials and craftsmanship, all reinterpreted in a contemporary way.

Das klassische Art-Déco-Muster, das durch das schräge Raster des Gebäudes inspiriert wurde, wird überarbeitet und zum Muster, das sich wie ein roter Faden durch die Inneneinrichtung des Hotels zieht und den Reichtum der marokkanischen Palette an Stimmungen, Stilen, Materialien und Kunsthandwerk zeigt, die alle auf zeitgenössische Weise wiederbelebt werden.

Le motif classique Art Déco, inspiré par la trame oblique du bâtiment, est revisité et deviendra le pattern qui servira de fil conducteur à la décoration intérieure de l'hôtel, montrant la richesse de la palette marocaine d'ambiances, de styles, de matériaux et d'artisanats tous revisités de manière contemporaine.

El diseño Art Deco, inspirado en la trama oblicua del edificio, se convierte en el patrón que servirá de hilo conductor de la decoración del hotel incorporando la riqueza de la paleta marroquí en el ambiente, el estilo, los materiales y la artesanía, todo reinterpretado de manera contemporánea.

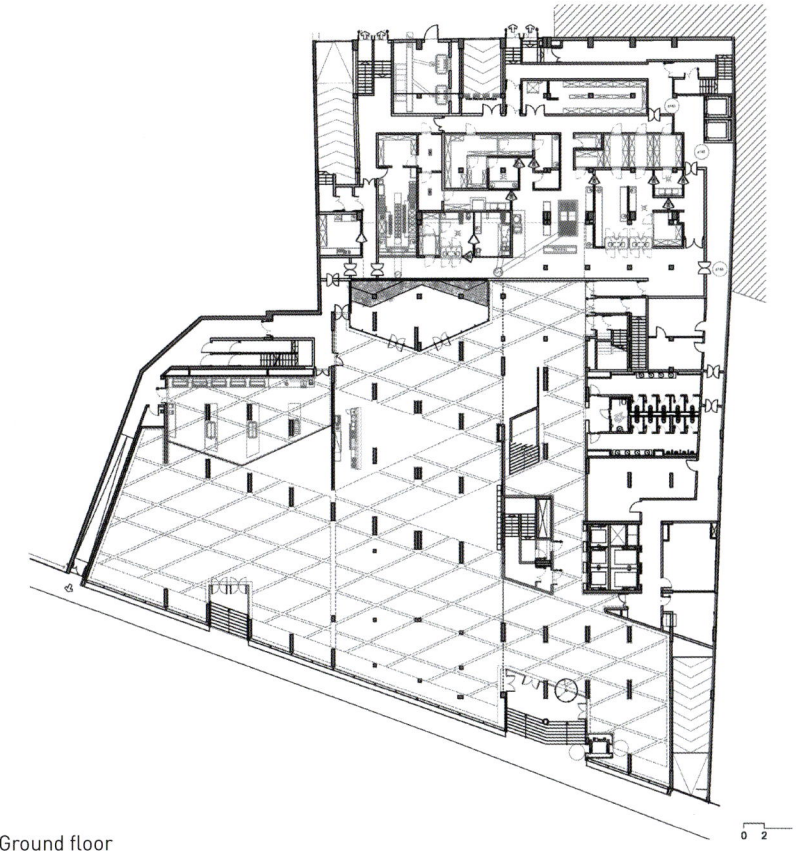

Ground floor

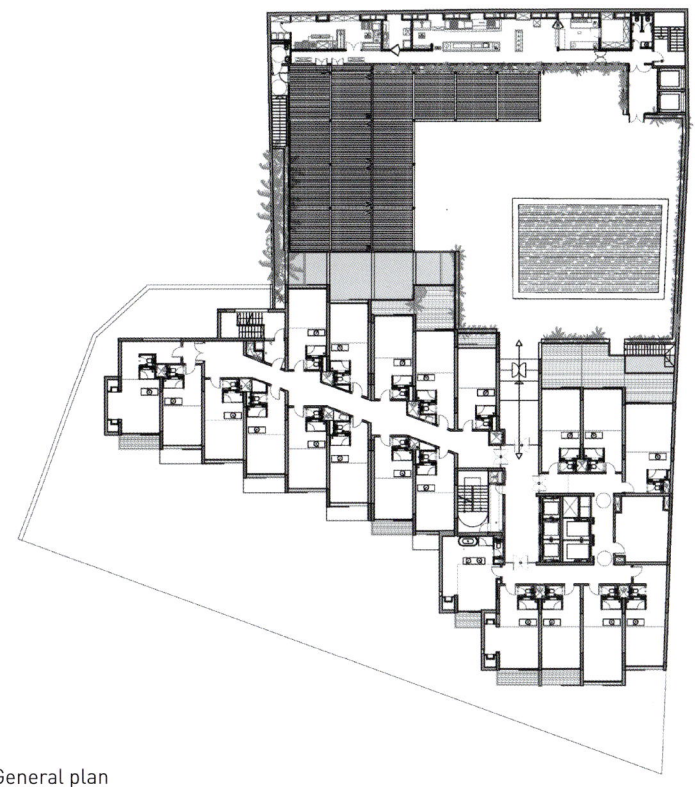

General plan

HOTEL BARCELÓ ANFA CASABLANCA // 55

HOTEL BARCELÓ ANFA CASABLANCA // 57

HOTEL SOFITEL CASABLANCA TOUR BLANCHE

> Casablanca, Morocco
> 19.600 m²
> Architecture
> 5-star hotel // 170 Rooms
> 2012
> Interior design: MHNA

© Exit, Alliances, Patrick Genard

The multicultural soul of Casablanca is sublimated in the Sofitel "Tour Blanche", which combines French elegance and Moroccan refinement on its twenty-five floors. Like the city itself, this building is the result of a fruitful blend of tradition and modernity. In reference to the Art-Deco era of local town planning, the tower is white and silver but with a contemporary interpretation. In homage to the tradition of craftsmanship, the glass plinth and the dividing façades rethink the geometric motifs of the typical "Zellige" mosaics, extending them to the urban scale.

Die multikulturelle Seele Casablancas spiegelt sich im Sofitel „Tour Blanche" wieder, das auf seinen fünfundzwanzig Etagen französische Eleganz und marokkanische Raffinesse miteinander verbindet. Wie die Stadt selbst ist auch dieses Gebäude das Ergebnis einer fruchtbaren Mischung aus Tradition und Moderne. In Anlehnung an die Art-Déco-Ära der lokalen Stadtplanung ist der Turm weiß und silbern, aber mit einer zeitgenössischen Interpretation. Als Hommage an die handwerkliche Tradition interpretieren der gläserne Sockel und die Trennfassaden die geometrischen Motive der typischen „Zellige"-Mosaiken neu und übertragen sie auf den städtischen Maßstab.

L'âme multiculturelle de Casablanca est sublimée par le Sofitel «Tour Blanche», qui allie élégance française et raffinement marocain sur ses vingt-cinq étages. À l'image de la ville, ce bâtiment est le fruit d'un mélange fructueux de tradition et de modernité. En référence à l'époque Art-Déco de l'urbanisme local, la tour est blanche et argentée mais avec une interprétation contemporaine. En hommage à la tradition artisanale, le socle de verre et les façades séparatives réinterprètent les motifs géométriques des mosaïques typiques du «Zellige», en les étendant à l'échelle urbaine.

El alma multicultural de Casablanca se sublima en el Sofitel "Tour Blanche" que une, en sus veinticinco plantas, la elegancia francesa y el refinamiento marroquí. Como la ciudad, este edificio es el fruto de fecundos mestizajes entre tradición y modernidad. En referencia a la época Art-Deco del urbanismo local, la torre es blanca y plateada pero añadiendo una lectura contemporánea. En homenaje a la tradición artesanal, el zócalo de vidrio y las fachadas medianeras reinterpretan los motivos geométricos de los mosaicos típicos "Zellige" ampliándolos a la escala urbana.

Section

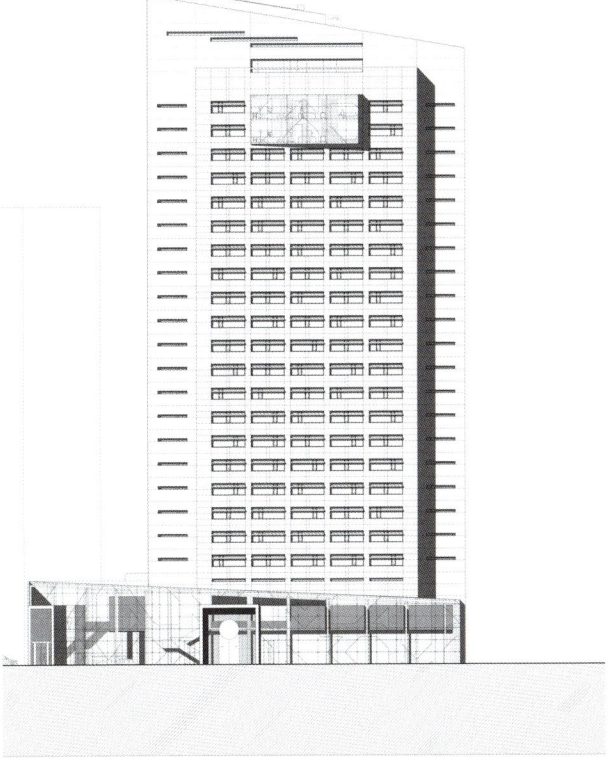

Façade

HOTEL SOFITEL CASABLANCA TOUR BLANCHE // 63

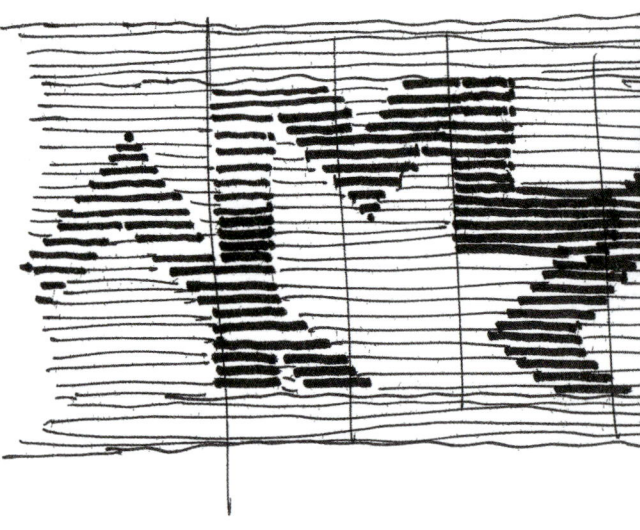

Sketch of façade

HOTEL SOFITEL CASABLANCA TOUR BLANCHE

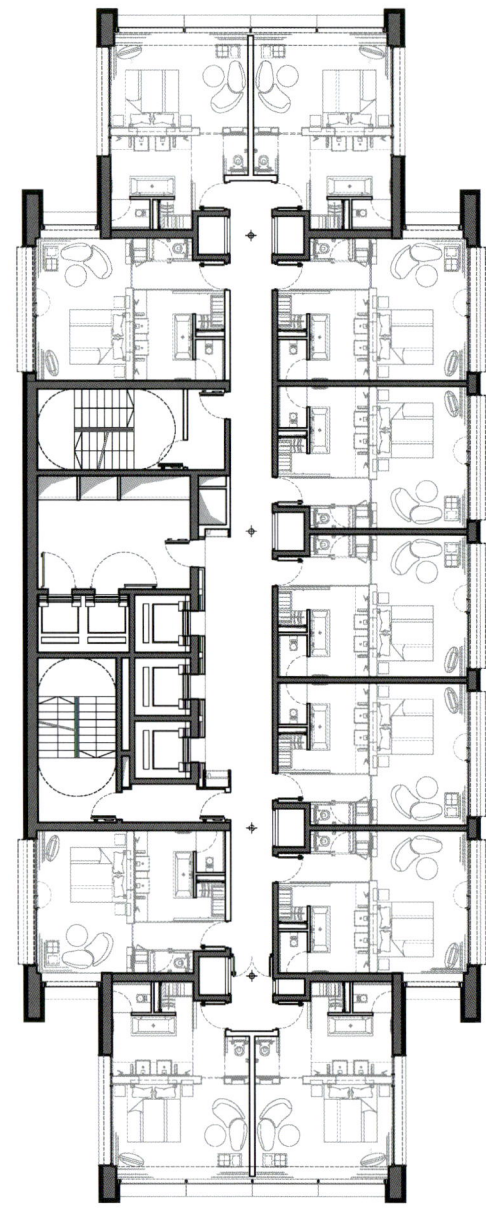

General plan

By means of a "wasp-waisted" architectural astuteness, reversing the implantation of the rooms at the end of the corridor, a much more slender and vertical proportion of the tower is achieved.

Durch einen architektonischen Trick in Form einer "Wespentaille", bei dem die Anordnung der Räume am Ende des Korridors umgekehrt wird, erhält man eine viel schlankere und vertikale Proportion des Turms.

Grâce à une astuce architecturale en forme de « taille de guêpe », inversant l'implantation des pièces au bout du couloir, on obtient une proportion beaucoup plus élancée et verticale de la tour.

Por medio de una astucia arquitectural "cintura de avispa", invirtiendo la implantación de las habitaciones de final de pasillo, se consigue una proporción de la torre mucho más esbelta y vertical.

BARCELÓ TANGER HOTEL

BARCELÓ TANGER HOTEL

> Tangier, Morocco
> 18.700 m²
> Rehabilitation
    Architecture and interior design
> 5-star hotel // 200 Rooms
> 2022

© Barceló, Patrick Genard

The total refurbishment of the emblematic Hotel Almohades in Tangier recovers and highlights the architectural qualities of the neoplastic central body of the original building. The plinth and upper level are homogenized to frame the façade and offer a new contemporary showcase of the city towards the Mediterranean Sea. The white of Tangier is the dominant color of the building, with touches of blue, large glazed surfaces and wooden lattices that filter the view and the sun.
Touching the sky and the stars, the spectacular "Be Heaven" terrace, with its original circular room that monitors the city like a control tower, offers the experience of floating above the city, with breathtaking 360° views.

Die umfassende Renovierung des ikonischen Almohades-Hotels in Tanger gewinnt die architektonischen Qualitäten des neoplastischen Zentralkörpers des ursprünglichen Gebäudes zurück und bringt sie zur Geltung. Der Sockel und das obere Stockwerk werden homogenisiert, um die Fassade einzurahmen und ein neues, zeitgenössisches Schaufenster der Stadt zum Mittelmeer hin zu bieten. Das Weiß von Tanger ist die dominierende Farbe des Gebäudes, mit blauen Akzenten, großen Glasflächen und Holzgittern, die die Aussicht und die Sonne filtern. Den Himmel und die Sterne berührend, bietet die spektakuläre Terrasse „Be Heaven" mit ihrem originellen runden Raum, der die Stadt wie ein Kontrollturm überwacht, das Erlebnis, über der Stadt zu schweben, mit einer atemberaubenden 360°-Aussicht.

La rénovation complète de l'emblématique Hôtel Almohades à Tanger récupère et met en valeur les qualités architecturales du corps central néoplasique du bâtiment d'origine. Le socle et le niveau supérieur sont homogénéisés pour encadrer la façade et offrir une nouvelle vitrine contemporaine de la ville vers la mer Méditerranée. Le blanc de Tanger est la couleur dominante du bâtiment, avec des touches de bleu, de grandes surfaces vitrées et des treillis en bois qui filtrent la vue et le soleil.
Touchant le ciel et les étoiles, la spectaculaire terrasse « Be Heaven », avec sa salle circulaire originale qui surveille la ville comme une tour de contrôle, offre l'expérience de flotter au-dessus de la ville, avec une vue à 360° à couper le souffle.

La rehabilitación integral del emblemático Hotel Almohades de Tánger recupera y pone en valor las cualidades arquitectónicas del cuerpo central neoplástico del edificio original. El basamento y el nivel superior se homogeneízan para enmarcar la fachada y ofrecer un nuevo escaparate contemporáneo de la ciudad hacia el mar Mediterráneo. El blanco de Tánger es el color dominante del edificio, con toques de azul, grandes superficies acristaladas y celosías de madera que filtran la vista y el sol.
Tocando el cielo y las estrellas, la espectacular terraza "Be Heaven", con su original sala circular que monitorea la ciudad como una torre de control, ofrece la experiencia de flotar sobre la ciudad, con impresionantes vistas de 360 °.

Tangier is a city of crossings, of mixtures, a bridge between Africa and Europe and the building echoes it: the neoplastic motifs of the façade, lines and planes that intersect and unite.

Tanger ist eine Stadt der Kreuzungen und Vermischungen, eine Brücke zwischen Afrika und Europa, und das Gebäude spiegelt dies wider: die neoplastischen Muster der Fassade, die Linien und Ebenen, die sich kreuzen und vereinen.

Tanger est une ville de croisements, de mélanges, un pont entre l'Afrique et l'Europe et le bâtiment lui fait écho : les motifs néoplasiques de la façade, les lignes et les plans qui se croisent et s'unissent.

Tánger es una ciudad de cruces, de mezclas, un puente entre África y Europa y el edificio se hace eco de él: los motivos neoplásticos de la fachada, líneas y planos que se cruzan y unen.

Architecture with contemporary and modern façades, respecting the spirit of the original Neoplasticism of the 70's. The lower part of the building is now fully glazed and open to the seafront, the city and the sea.

Eine Architektur mit zeitgenössischen und modernen Fassaden, die den Geist des ursprünglichen Neoplastizismus der 1970er Jahre respektiert. Die Basis des Hotels ist heute vollständig verglast und öffnet sich zur Strandpromenade, zur Stadt und zum Meer hin.

Une architecture aux façades contemporaines et modernes respectant l'esprit du néoplasticisme originel des années 70. La base de l'hôtel est aujourd'hui entièrement vitrée et ouverte sur le front de mer, la ville et la mer.

Una arquitectura con fachadas contemporáneas y modernas respetando el espíritu del Neoplasticismo original de los años 70. La base del hotel ahora es totalmente acristalada y abierta hacia el paseo marítimo, la ciudad y el mar.

The decoration retains this geometric background, evoking assemblages. Simplified, refined, verticalized, it is found on the walls of the lobby, as well as on the flooring, the gilded latticework of the restaurant, the false ceilings of the conference room, the tea room, the carpets and the lighting.

Das Bühnenbild behält diesen geometrischen Hintergrund bei und erinnert an Assemblagen. Vereinfacht, puristisch und vertikalisiert findet man ihn an den Wänden der Lobby sowie auf dem Boden, den goldenen Gittern im Restaurant, den abgehängten Decken des Konferenzraums, dem Teehaus, den Teppichen und den Leuchten.

Le décor conserve ce fond géométrique, évoquant des assemblages. Simplifiée, épurée, verticalisée, on la retrouve sur les murs du lobby, ainsi que sur le sol, les treillis dorés du restaurant, les faux plafonds de la salle de conférence, le salon de thé, les tapis et les luminaires.

La decoración conserva este fondo geométrico evocando los ensamblajes. Simplificado, refinado, verticalizado, se encuentra en las paredes del vestíbulo, así como en el pavimento, las celosías doradas del restaurante, los falsos techos de la sala de conferencias, el salón de té, las alfombras y la iluminación.

BARCELÓ TANGER HOTEL

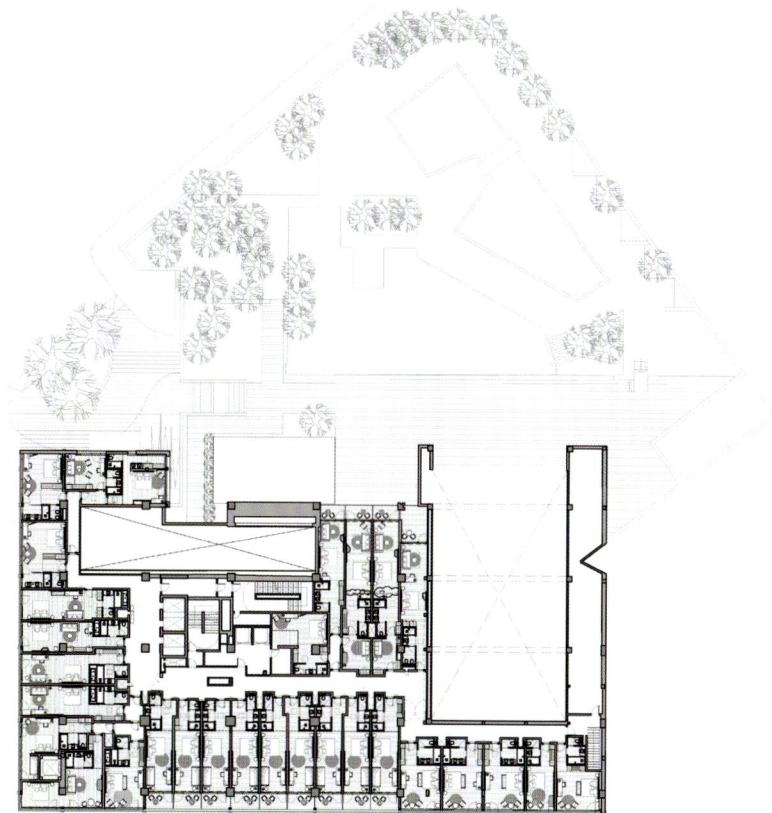

General plan

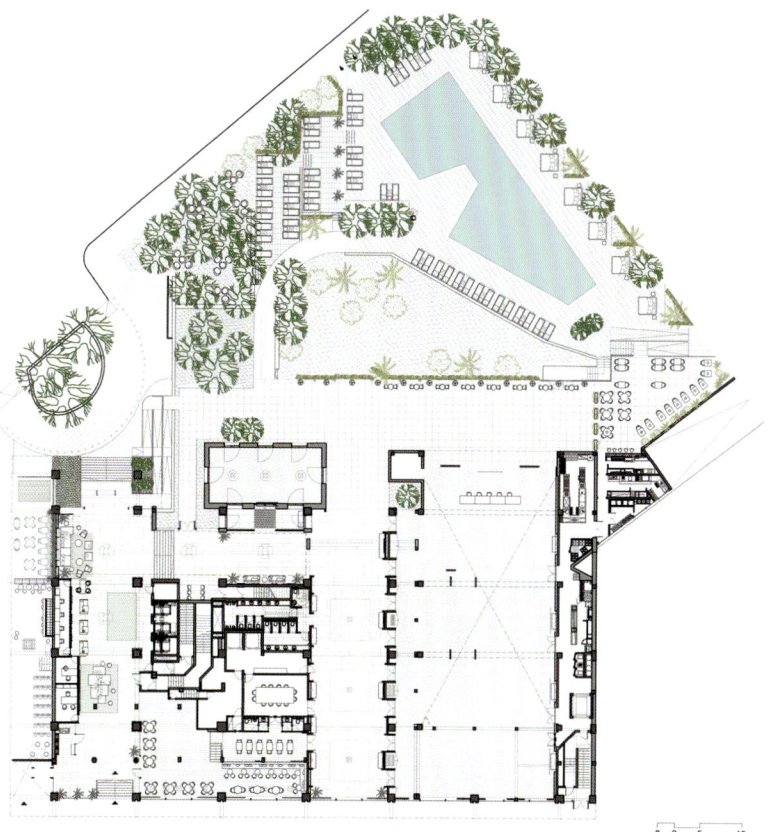

Ground floor

BARCELÓ TANGER HOTEL // 79

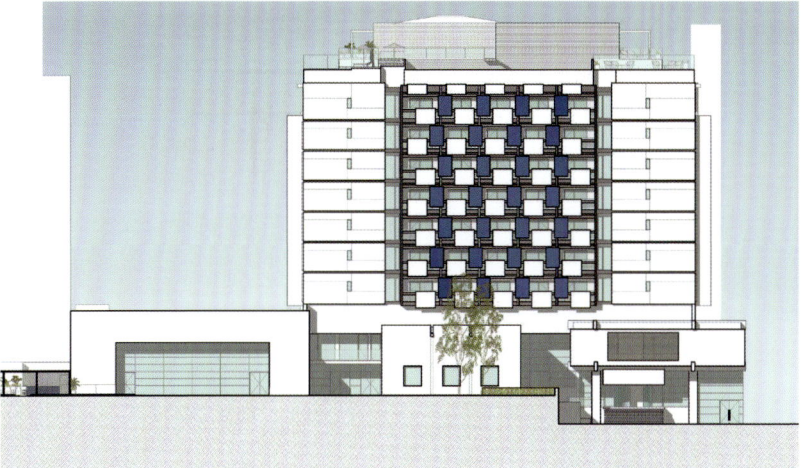
Back façade

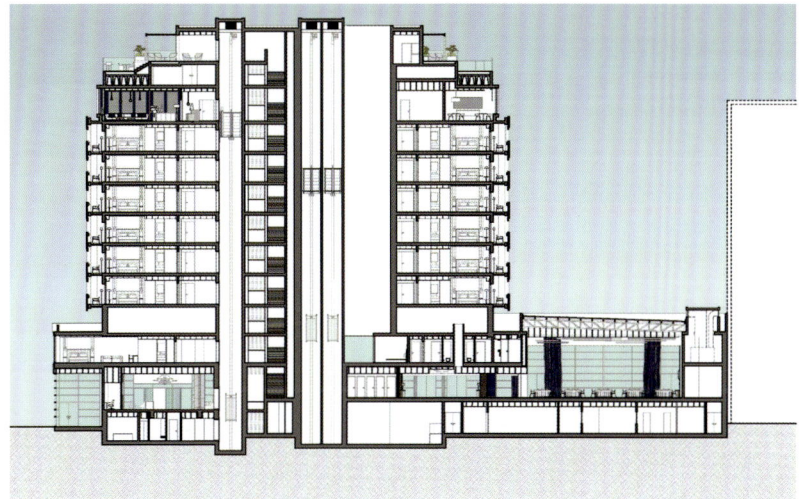
Section

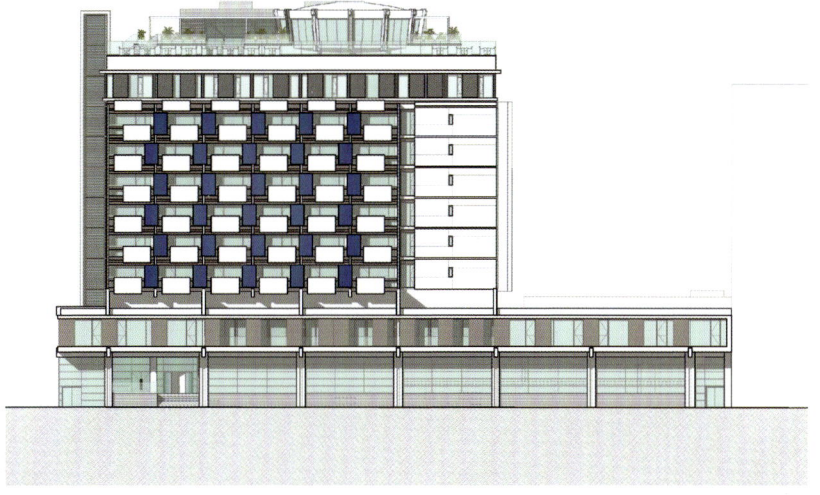
Main façade

BARCELÓ TANGER HOTEL // 81

CLUB MED
MAGNA MARBELLA

> Marbella, Spain
> 50.000 m²
> Rehabilitation
  Architecture
> 4-star hotel // 500 Rooms
> 2022
> Interior design: MHNA

© Club Med, Patrick Genard

The project has given the old 1972 building a contemporary image by partially demolishing it and completely renovating it. The aim was that, instead of flattening and closing in on the park, the building should appear to emerge from it, blending in with it, just like the landscaped terraces of the restaurants and bars that open onto the sea with spectacular views. Its façades have been covered with a light white arborescence which integrates it into the leafy park.

Das Projekt hat dem alten Gebäude von 1972 ein zeitgemäßes Image verliehen, indem es teilweise abgerissen und vollständig renoviert wurde. Das Ziel bestand darin, dass das Gebäude den Park nicht abflacht und sich ihm annähert, sondern aus ihm herauszuwachsen scheint und mit ihm verschmilzt, genau wie die begrünten Terrassen der Restaurants und Bars, die sich zum Meer hin öffnen und spektakuläre Ausblicke bieten. Die Fassaden wurden mit einer hellen, weißen Baumkrone verkleidet, die das Gebäude in den begrünten Park integriert.

Le projet a donné une image contemporaine à l'ancien bâtiment de 1972 en le démolissant partiellement et en le rénovant complètement. L'objectif était qu'au lieu de s'aplatir et de se refermer sur le parc, le bâtiment semble en émerger et se fondre avec lui, tout comme les terrasses paysagées des restaurants et des bars qui s'ouvrent sur la mer avec des vues spectaculaires. Ses façades ont été recouvertes d'une légère arborescence blanche qui l'intègre dans le parc verdoyant.

El proyecto ha aportado una imagen contemporánea al viejo edificio de 1972 demoliéndolo parcialmente y reformándolo completamente. El objetivo era que, en vez de aplastar y cerrarse al parque, el edificio debía parecer surgir de él, mimetizándose con él, igual que las terrazas ajardinadas de los restaurantes y bares que abren hacia el mar con vistas espectaculares. Se han cubierto sus fachadas con una ligera arborescencia blanca que lo integra en el frondoso parque.

General plan

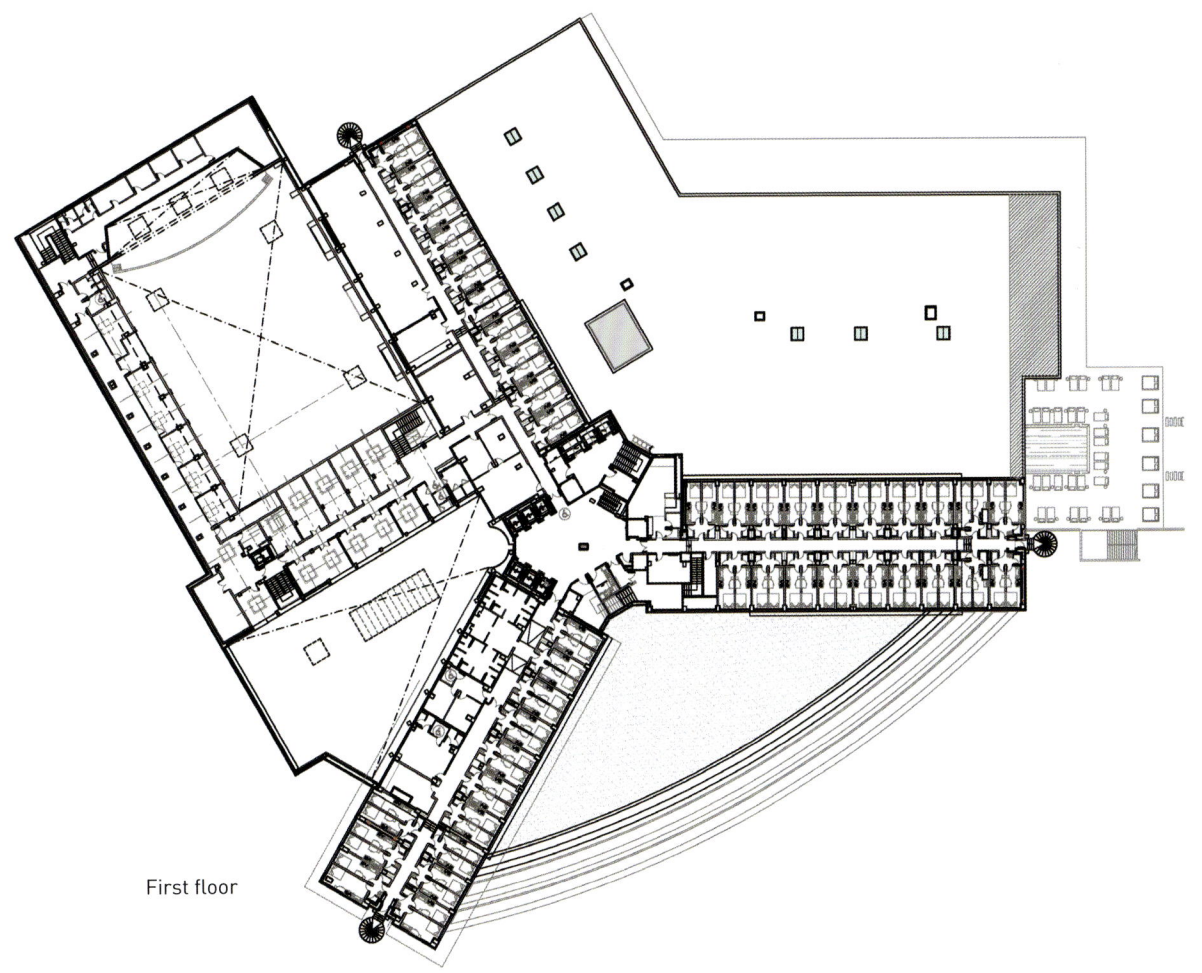

First floor

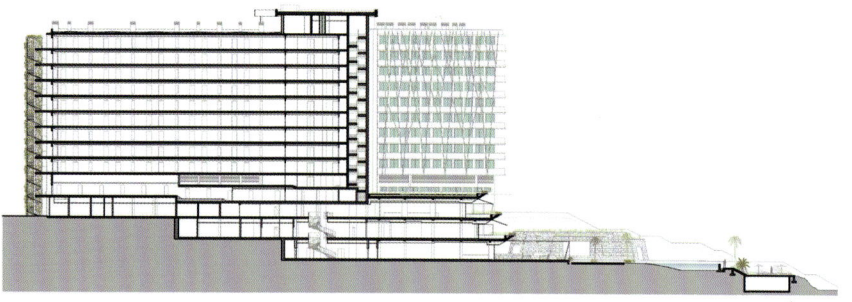
Section

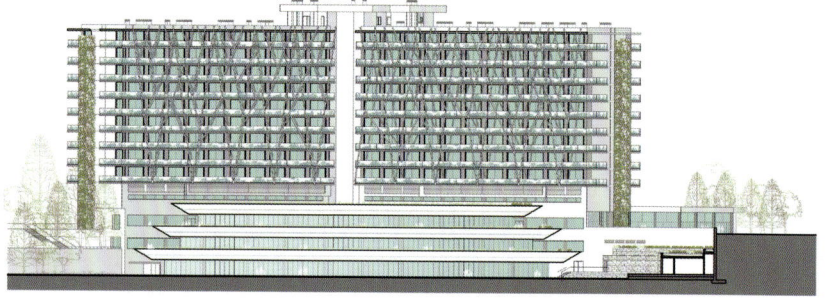
Façade

At the foot of the tower, extending from the main bar and its terraces, a huge sand-coloured quartz pool has been created, imitating a beach, with a gentle slope towards an infinity pool waterfall overflowing onto the Mediterranean horizon.

Am Fuße des Turms, zwischen der Hauptbar und den Terrassen, wurde ein riesiger, sandfarbener Quarzpool angelegt, der einen Strand imitiert und mit einem sanften Gefälle zu einem Infinity-Pool-Wasserfall führt, der bis zum Mittelmeerhorizont reicht.

Au pied de la tour, dans la zone de la base démolie et dans le prolongement du bar principal et de ses terrasses a été créé, imitant une plage, une immense piscine en quartz de couleur sable avec une pente douce vers un débordement, de type infinity-pool, sur l'horizon méditerranéen.

Al pie de la torre, en prolongación del bar principal y sus terrazas, se ha creado, imitando una playa, una enorme piscina de cuarzo color arena con suave pendiente hacia una cascada tipo "infinity pool" desbordando sobre el horizonte mediterráneo.

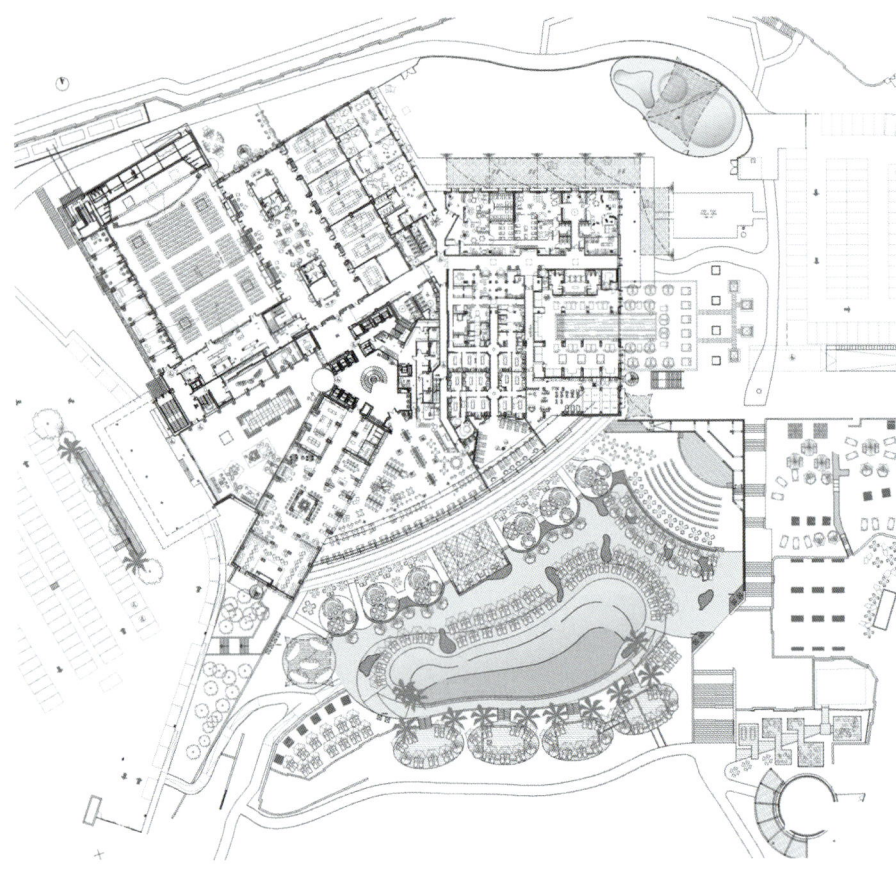

Entry level plan

The heavy parapets of the room balconies have been replaced by light glass railings printed with a green silk-screening, imitating the foliage of the trees, which has given the building a light and graceful appearance.

Die schweren Mauerwerksbrüstungen an den Balkonen wurden durch leichte, mit Siebdruck versehene Glasbalustraden ersetzt, die das Blattwerk von Bäumen imitieren und dem Gebäude ein leichtes und anmutiges Aussehen verleihen.

Les lourds parapets en maçonnerie des balcons des chambres ont été remplacés par de légères balustrades en verre avec une sérigraphie imitant le feuillage des arbres, ce qui a donné au bâtiment un aspect léger et gracieux.

Los pesados antepechos de obra de los balcones han sido sustituidos por ligeras barandillas de vidrio con serigrafía, imitando el follaje de los árboles, lo que ha otorgado al edificio un aspecto liviano y grácil.

HOTEL NOVOTEL BARCELONA CITY

HOTEL NOVOTEL BARCELONA CITY

> Barcelona, Spain
> 29.000 m²
> Interior design
> 4-star hotel // 264 rooms
> 2009

© Accor, Patrick Genard

The multicultural and inclusive spirit and the Accor group's desire to make "green" hotels that are ever more respectful of their environment has led us to think of this project as a tribute to life through the reunion with the four elements that have always balanced it: Water, Fire, Earth, Air.
The project has been conceived as a balance between two axes: the vertical axis that goes from the earth to the sky and the horizontal axis that goes from water to fire. Both intersect in an area characterized by plant abundance. From the entrance of the hotel, the guest is surprised by a special atmosphere, in tension, in connection with various spaces and at the same time an environment in itself, a bamboo forest in the shaft of a wooden and glass staircase, immediately uniting the Earth of the basement and the Sky.

Der multikulturelle und integrative Geist und der Wille der Accor-Gruppe, „grüne" Hotels zu bauen, die ihre Umwelt immer mehr respektieren, haben uns dazu veranlasst, dieses Projekt als eine Hommage an das Leben durch das Wiedersehen mit den vier Elementen zu sehen, die es immer ausgeglichen haben: Wasser, Feuer, Erde, Luft.
Das Projekt wurde als Gleichgewicht zwischen zwei Achsen konzipiert: der vertikalen Achse, die von der Erde zum Himmel verläuft, und der horizontalen Achse, die vom Wasser zum Feuer verläuft. Beide kreuzen sich in einem Bereich, der sich durch eine Fülle von Pflanzen auszeichnet. Schon beim Betreten des Hotels wird der Gast von einer besonderen Atmosphäre überrascht, die in Spannung steht, mit verschiedenen Räumen in Verbindung steht und gleichzeitig eine Umgebung für sich ist, ein Bambuswald im Schacht einer Treppe aus Holz und Glas, der die Erde des Untergeschosses und den Himmel unmittelbar miteinander verbindet.

L'esprit multiculturel et inclusif et la volonté du groupe Accor de faire des hôtels « verts » toujours plus respectueux de leur environnement nous ont amenés à penser ce projet comme un hommage à la vie à travers les retrouvailles avec les quatre éléments qui l'ont toujours équilibrée : l'Eau, le Feu, la Terre, l'Air.
Le projet a été conçu comme un équilibre entre deux axes : l'axe vertical qui va de la terre au ciel et l'axe horizontal qui va de l'eau au feu. Les deux se croisent dans une zone caractérisée par l'abondance des plantes. Dès l'entrée de l'hôtel, le client est surpris par une atmosphère particulière, en tension, en lien avec divers espaces et en même temps un environnement en soi, une forêt de bambous dans le puits d'un escalier en bois et en verre, unissant immédiatement la Terre du sous-sol et le Ciel.

El espíritu multicultural e integrador y la voluntad del grupo Accor de hacer hoteles "verdes" siempre más respetuosos de su entorno nos ha llevado a pensar este proyecto como un homenaje a la vida a través del reencuentro con los cuatro elementos que la equilibran desde siempre: Agua, Fuego, Tierra, Aire.
El proyecto ha sido planteado como un equilibrio entre dos ejes: el vertical que va de la tierra al cielo y el eje horizontal que va del agua al fuego. Ambos se cruzan en una zona caracterizada por la abundancia vegetal. Desde la entrada del hotel se sorprende al cliente con una atmósfera especial, en tensión, en conexión con varios espacios y al mismo tiempo un ambiente en sí mismo, un bosque de bambúes en el hueco de una escalera de madera y cristal, uniendo enseguida la Tierra del sótano y el Cielo.

Ground floor section

From the reception we also perceive the great "wall of rock strata", as a cut in our earth's crust in which fissures of light and functional doors and elevators allow us to see poetic figures of nature.

Schon beim Empfang nehmen wir auch die große "Wand aus Gesteinsschichten" wahr, wie eine Kerbe in der Erdkruste, in der Lichtspalten und funktionale Türen und Aufzüge uns den Blick auf poetische Naturfiguren ermöglichen.

Dès la réception, nous percevons également le grand « mur de strates rocheuses », comme une entaille dans la croûte terrestre dans laquelle des fissures de lumière et des portes et des ascenseurs fonctionnels nous permettent de voir des figures poétiques de la nature.

Desde la recepción también percibimos el gran "muro de estratos rocosos", como un corte sobre nuestra corteza terrestre en el cual unas fisuras de luz y las puertas funcionales y de ascensores, nos dejan ver figuras poéticas de la naturaleza.

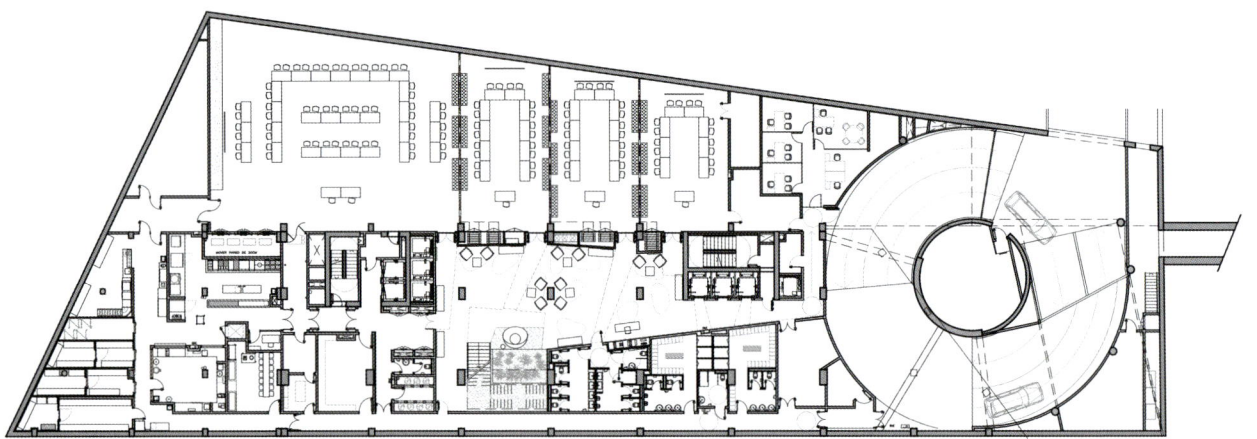

Basement plan

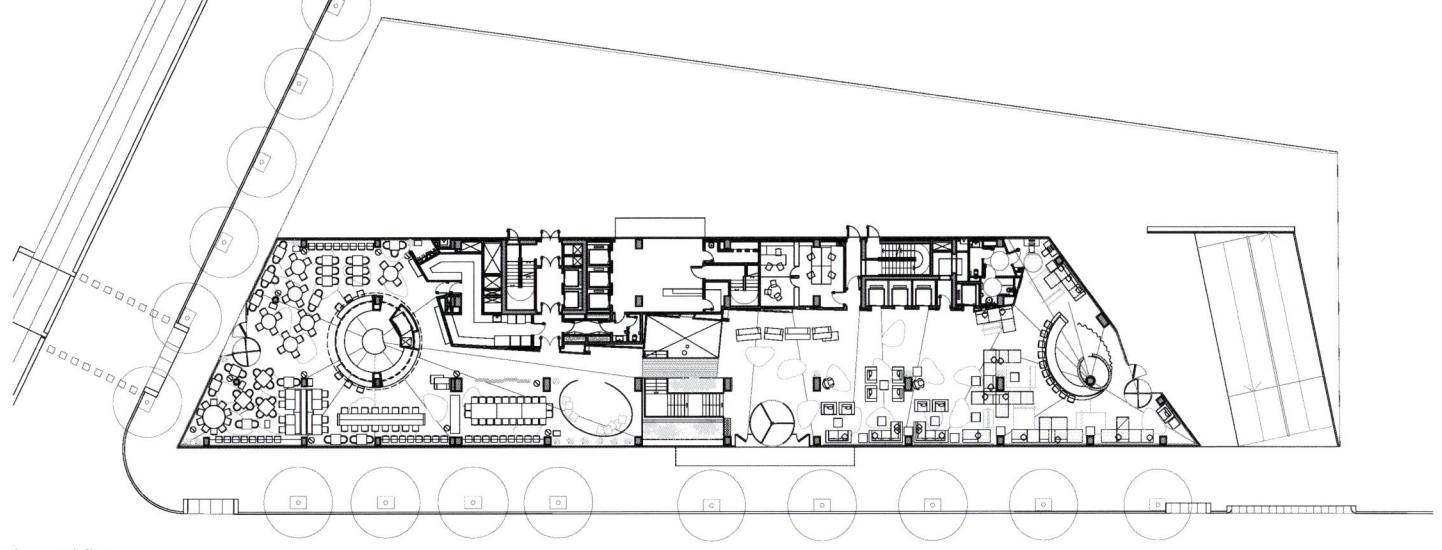
Ground floor

Finally, the continuous black resin floor, evoking the melting of volcanic rock, shiny ash dust encrusted with stainless steel lines accompanies us through our tour of the ground floor.

Der durchgehende schwarze Harzboden, der an das Schmelzen von Vulkangestein erinnert, ist mit glänzendem Aschestaub bedeckt und mit Edelstahlleitungen versehen, die uns durch das Erdgeschoss begleiten.

Enfin, le sol continu en résine noire, évoquant la fonte de la roche volcanique, une poussière de cendre brillante incrustée de lignes en acier inoxydable nous accompagne tout au long de notre visite du rez-de-chaussée.

Por último, el suelo continuo de resina negra, evoca la fusión de roca volcánica, polvo de ceniza brillante con incrustaciones de líneas de acero inoxidable nos acompaña a través de nuestro recorrido por la planta baja.

CASA ULLÀ

> Girona, Spain
> 200 m²
> Rehabilitation
  Architecture and interior design
> 2019

© Eugeni Pons, Patrick Genard

In the restoration of this former agricultural barn, its spatial and architectural qualities have been preserved and enhanced. The best of tradition has been preserved while adding the best of modernity to create a warm and welcoming space, open to nature and with a strong personality. The interior volume, the double height, the two large arches opening onto a courtyard garden, the two large arcades under the ridge and the thick stone walls mixed with pieces of terracotta have been restored and emphasised, introducing more natural light. The street façade, originally blind, has been transformed into a vertical green garden with a composition of vertical openings in line with the architecture of the village. To enrich it, the entrance door reproduces a 1655 alchemical door from the piazza Vittorio Emanuele in Rome whose hidden meaning is an allegory of the meaning of life

Bei der Restaurierung dieser ehemaligen landwirtschaftlichen Scheune wurden ihre räumlichen und architektonischen Qualitäten erhalten und aufgewertet. Das Beste der Tradition wurde bewahrt und das Beste der Moderne hinzugefügt, um einen warmen und einladenden Raum zu schaffen, der offen für die Natur ist und eine starke Persönlichkeit hat. Das Innenvolumen, die doppelte Höhe, die beiden großen Bögen, die sich zu einem Hofgarten hin öffnen, die beiden großen Arkaden unter dem Dachfirst und die dicken Steinmauern, die mit Terrakottastücken vermischt sind, wurden restauriert und hervorgehoben, so dass mehr natürliches Licht einfällt. Die ursprünglich blinde Straßenfassade wurde in einen vertikalen grünen Garten mit einer Komposition aus vertikalen Öffnungen im Einklang mit der Architektur des Dorfes verwandelt. Zur Bereicherung ist die Eingangstür einer alchemistischen Tür von 1655 von der Piazza Vittorio Emanuele in Rom nachempfunden, deren verborgene Bedeutung eine Allegorie auf den Sinn des Lebens ist.

Lors de la restauration de cette ancienne grange agricole, ses qualités spatiales et architecturales ont été préservées et valorisées. Le meilleur de la tradition a été préservé, en y ajoutant le meilleur de la modernité pour créer un espace chaleureux et accueillant, ouvert sur la nature et à la personnalité marquée. Le volume intérieur, la double hauteur, les deux grandes arcades ouvrant sur une cour-jardin, les deux grandes arcades sous le faîtage et les épais murs de pierre mêlés de morceaux de terre cuite ont été restaurés et mis en valeur en introduisant plus de lumière naturelle.. La façade rue, originellement aveugle, a été transformée en jardin vert vertical avec une composition d'ouvertures verticales en harmonie avec l'architecture du village. Pour l'enrichir, la porte d'entrée reproduit une porte alchimique de 1655 de la place Vittorio Emanuele à Roma dont le sens caché est une allégorie du sens de la vie.

En la restauración de este antiguo pajar agrícola, se han conservado y puesto en valor sus cualidades espaciales y arquitectónicas. Se ha preservado lo mejor de la tradición, añadiendo lo mejor de la modernidad para crear un espacio cálido y acogedor, abierto sobre la naturaleza y con una marcada personalidad. El volumen interior, la doble altura, los dos grandes arcos abriéndose a un patio-jardín, las dos grandes arcadas bajo la cumbrera y los espesos muros de piedra mezclada con trozos de terracota han sido restaurados y enfatizados, introduciendo más luz natural. La fachada calle, originalmente ciega, ha sido transformada en jardín verde vertical con una composición de aberturas verticales en línea con la arquitectura del pueblo. Para enriquecerla, la puerta de entrada reproduce una puerta alquímica de 1655 de la piazza Vittorio Emanuele en Roma cuyo significado oculto es una alegoría del sentido de la vida.

New materials have been used in clear contrast to the existing, more tectonic ones to highlight each other. This has made it possible to create some very interesting binomials (smooth-rough; light-dark; black-white; grey-colored; veined-uniform; random-regular...) that give a lot of personality to the project.

Es wurden neue Materialien verwendet, die in deutlichem Kontrast zu den vorhandenen, eher tektonischen Materialien stehen und sich gegenseitig hervorheben. Dadurch konnten einige sehr interessante Kombinationen geschaffen werden (glatt-rauh, hell-dunkel, weiß-schwarz, grau-farbig, geädert-uniform, zufällig-unregelmäßig...), die dem Projekt viel Persönlichkeit verleihen.

Les matériaux nouveaux ont été utilisés en contraste clair avec les matériaux existants, plus tectoniques, pour se mettre en valeur les uns les autres. Cela a permis de créer des binômes très intéressants (lisse-rugueux, clair-foncé, noir-blanc, gris-colorés, veiné-uniforme, aléatoire-régulier...) qui donnent beaucoup de personnalité au projet.

Se han utilizado materiales nuevos en claro contraste con los existentes, más tectónicos, para resaltarse mutuamente. Esto ha permitido crear unos binomios muy interesantes (liso-rugoso; claro-oscuro; blanco-negro; gris-coloreado; veteado-uniforme; aleatorio-regular...) que dan mucha personalidad al proyecto.

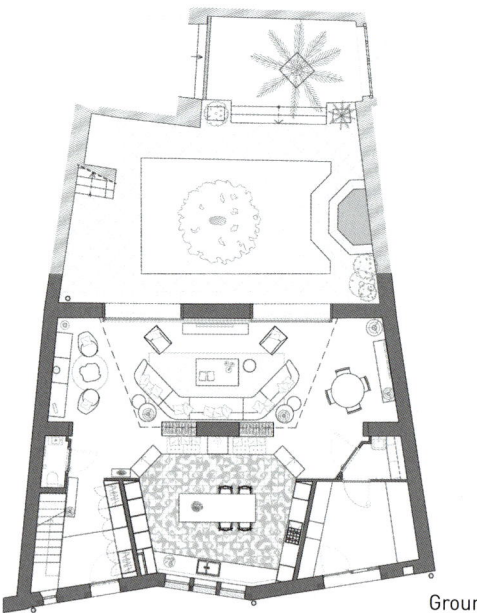
Ground floor

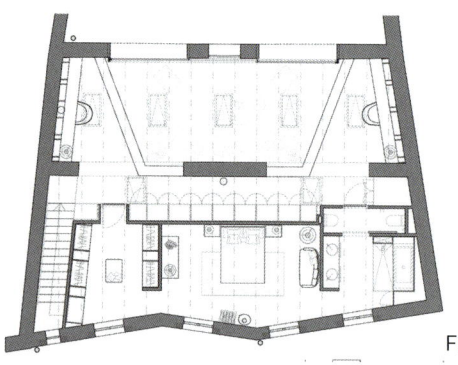
First floor

110 // CASA ULLÀ

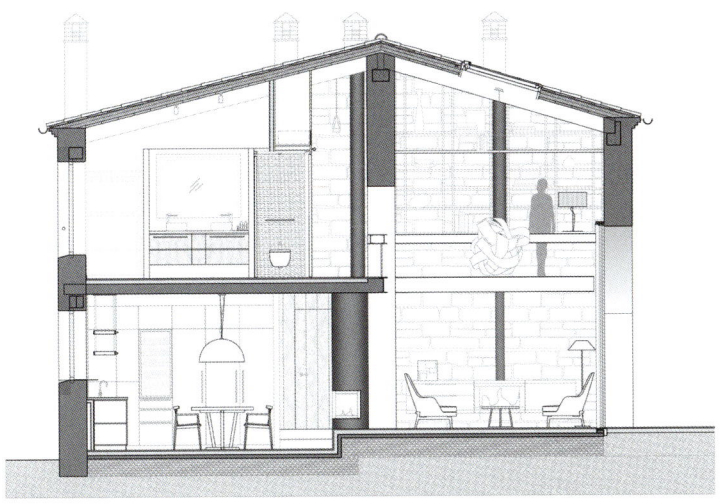

Section

CASA ULLÀ // 111

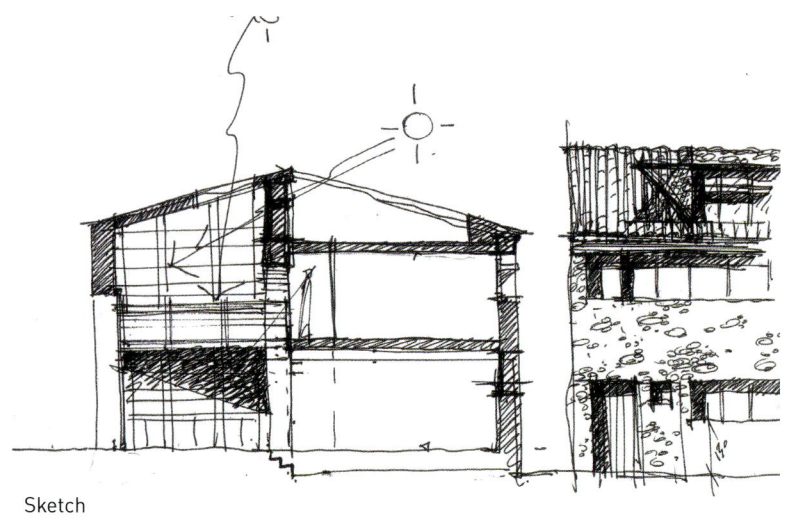
Sketch

112 // CASA ULLÀ

PICHT & PUTT GUALTA

> Girona, Spain
> 450 m²
> Architecture and interior design
> Club House
> 2001

© Patrick Genard

The Gualta Pitch & Putt is one of the first completely eco-sustainable projects. It consists of a lightweight metal structure, highly insulated and covered with wood and glass, built around a stone cube in allusion to the numerous watchtowers against pirates built in this delta of the Ter river. In summer, the interior space is cooled naturally by means of air currents crossed through the tilting windows, which allow efficient ventilation thanks to the almost total opening of the four façades. Heating in winter is ensured by underfloor heating powered by geothermal energy and solar panels installed on the structure of the driving range. The lighting is energy efficient and the lights that operate at night accumulate solar energy during the day. None of the exterior lamps light above the horizon line avoiding light pollution in the area.

Der Gualta Pitch & Putt ist eines der ersten vollständig umweltverträglichen Projekte. Es besteht aus einer leichten, hoch isolierten und mit Holz und Glas verkleideten Metallstruktur, die um einen steinernen Würfel herum gebaut wurde, in Anspielung auf die zahlreichen Wachtürme gegen Piraten, die in diesem Delta des Flusses Ter errichtet wurden.
Im Sommer wird der Innenraum auf natürliche Weise durch Luftströme gekühlt, die durch die kippbaren Fenster strömen, die dank der fast vollständigen Öffnung der vier Fassaden eine effiziente Belüftung ermöglichen. Die Heizung im Winter erfolgt über eine Fußbodenheizung, die mit geothermischer Energie betrieben wird, und über Sonnenkollektoren, die auf der Struktur der Driving Range installiert sind. Die Beleuchtung ist energieeffizient, und die Leuchten, die nachts in Betrieb sind, speichern tagsüber Sonnenenergie. Keine der Außenlampen strahlt über die Horizontlinie hinaus, um die Lichtverschmutzung in der Umgebung zu vermeiden.

Le Gualta Pitch & Putt est l'un des premiers projets entièrement éco-durables. Il s'agit d'une structure métallique légère, hautement isolée et recouverte de bois et de verre, construite autour d'un cube de pierre en allusion aux nombreuses tours de guet contre les pirates construites dans ce delta du fleuve Ter.
En été, l'espace intérieur est rafraîchi naturellement par les courants d'air traversant les fenêtres basculantes, qui permettent une ventilation efficace grâce à l'ouverture quasi totale des quatre façades. Le chauffage en hiver est assuré par un plancher chauffant alimenté par la géothermie et des panneaux solaires installés sur la structure de la piste d'entraînement. L'éclairage est économe en énergie et les lampes qui fonctionnent la nuit accumulent l'énergie solaire pendant la journée. Aucune des lampes extérieures n'émet de lumière au-dessus de la ligne d'horizon, ce qui évite la pollution lumineuse dans la région.

El Pitch & Putt de Gualta es uno de los primeros proyectos completamente ecosostenibles. Consiste en una estructura metálica ligera, muy aislada térmicamente y recubierta de madera y de vidrio construida alrededor de un cubo de piedra en alusión a las numerosas torres de vigilancia contra los piratas edificadas en este delta del rio Ter.
En verano, el espacio interior se refrigera de forma natural por medio de corrientes de aire cruzadas a través de las ventanas basculantes, que permiten una eficiente ventilación gracias a la apertura casi total de las cuatro fachadas. El calentamiento en invierno esta asegurado por un suelo radiante alimentado por geotermia y por placas solares instaladas sobre la estructura del campo de prácticas. La iluminación es de bajo consumo y las luces que funcionan de noche acumulan energía solar de día. Ninguna de las lámparas exteriores envía luz por encima de la línea del horizonte evitando la contaminación lumínica de la zona.

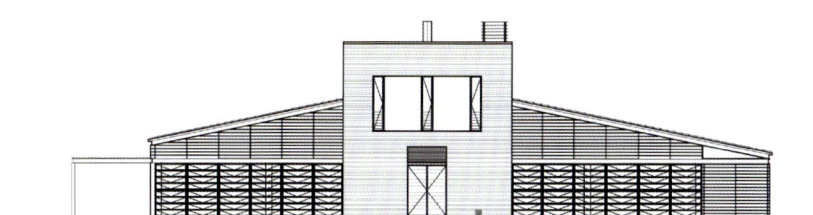
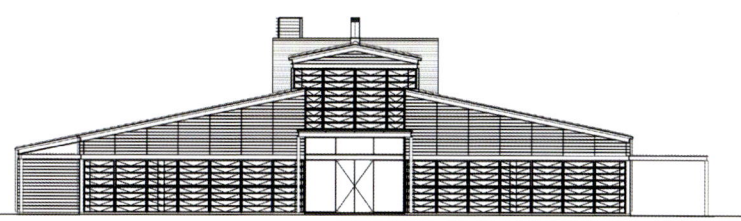

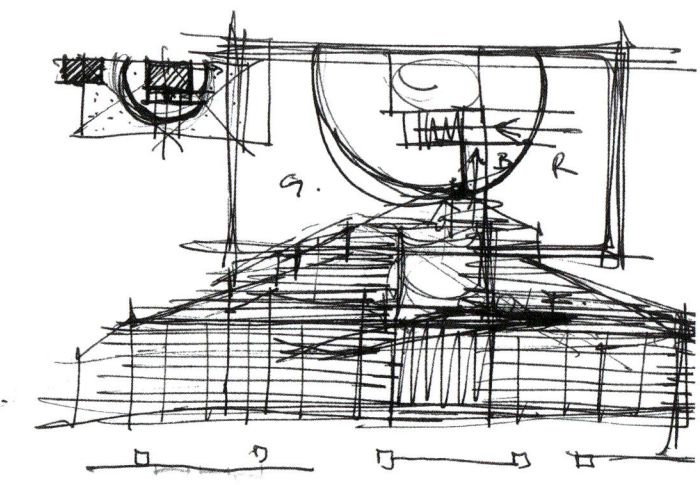

There is frontal access to the large main space where the reception, bar and restaurant are located. On the sides are the changing rooms and the kitchen and on the upper floor the multipurpose meeting room dedicated to conferences and exhibitions and above the solarium terrace. The rear, which has a large covered porch, houses the restaurant's terrace.

Es gibt einen frontalen Zugang zum großen Hauptbereich, in dem sich die Rezeption, die Bar und das Restaurant befinden. An den Seiten befinden sich die Umkleideräume und die Küche und im oberen Stockwerk der Mehrzweckraum, der für Konferenzen und Ausstellungen bestimmt ist, und darüber die Sonnenterrasse. Auf der Rückseite, die über einen großen überdachten Vorbau verfügt, befindet sich die Terrasse des Restaurants.

Il y a un accès frontal au grand espace principal où se trouvent la réception, le bar et le restaurant. Sur les côtés se trouvent les vestiaires et la cuisine et à l'étage supérieur, la salle de réunion polyvalente dédiée aux conférences et aux expositions et, au-dessus, la terrasse solarium. L'arrière, qui dispose d'un grand porche couvert, abrite la terrasse du restaurant.

Se accede frontalmente al gran espacio principal en donde se encuentran la recepción, el bar y el restaurante. En los laterales están los vestuarios y la cocina y en la planta superior la sala de reuniones multiuso dedicada a conferencias y exposiciones y encima, la terraza solarium. La parte trasera, que cuenta con un gran porche techado, alberga la terraza del restaurante.

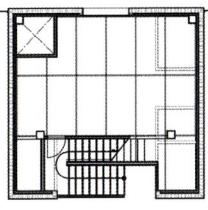
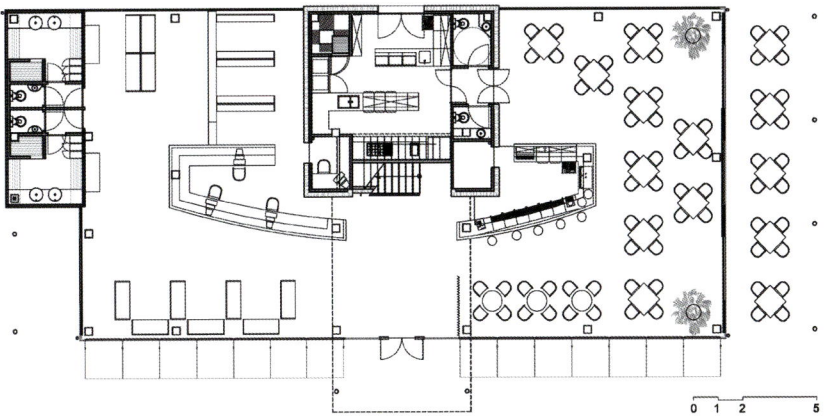

Section

CASA GUALTA

> Girona, Spain
> 300 m²
> Architecture and interior design
> Residence
> 2020

© Patrick Genard

It is a house with a garden and swimming pool built on a plot located in an exceptional natural environment. Priority has been given to local solutions such as classic tile roofs, natural stone walls combined with earth-tone plaster, corten steel gutters and downspouts and wooden doors that favor their integration into nature. The gabled ceiling, made of beams and half-timbering, brings warmth to the rooms, making them more welcoming as well as being a great thermal insulator that helps to keep interior temperatures stable and reduces energy consumption in both summer and winter. The large social space of the living-dining room has huge sliding glass doors that allow fluid communication between the interior and exterior with the contribution of natural lighting. The rooms and private spaces are located on the top floor.

Es handelt sich um ein Haus mit Garten und Pool, das auf einem Grundstück in einer außergewöhnlichen natürlichen Umgebung errichtet wurde. Der Schwerpunkt lag auf lokalen Lösungen wie klassischen Ziegeldächern, Natursteinmauern in Kombination mit erdfarbenem Putz, Regenrinnen und Fallrohren aus Cortenstahl und Holztüren, die die Integration in die Natur begünstigen. Die Giebeldecke aus Balken und Fachwerk bringt Wärme in die Räume, macht sie gemütlicher und ist eine hervorragende Wärmedämmung, die hilft, die Innentemperaturen stabil zu halten und den Energieverbrauch sowohl im Sommer als auch im Winter zu senken. Der große soziale Bereich des Wohn- und Esszimmers verfügt über riesige Glasschiebetüren, die eine fließende Kommunikation zwischen Innen und Außen mit dem Einfall von natürlichem Licht ermöglichen. Die Schlafzimmer und privaten Bereiche befinden sich im obersten Stockwerk.

Il s'agit d'une maison avec jardin et piscine édifiée sur un terrain situé dans un environnement naturel exceptionnel. La priorité a été donnée aux solutions locales telles que les toits en tuiles classiques, les murs en pierre naturelle associés à un enduit de couleur terre, les gouttières et les descentes pluviales en acier corten et les portes en bois qui favorisent leur intégration dans la nature. Le plafond à pignon, fait de poutres et de colombages, apporte de la chaleur aux pièces, les rendant plus accueillantes et constitue un excellent isolant thermique qui aide à maintenir les températures intérieures stables et réduit la consommation d'énergie en été comme en hiver. Le grand espace social du salon-salle à manger dispose d'immenses portes coulissantes en verre qui permettent une communication fluide entre l'intérieur et l'extérieur avec l'apport de lumière naturelle. Les chambres et les espaces privés sont situés au dernier étage.

Se trata de una vivienda con jardín y piscina construida en una parcela ubicada en un entorno natural excepcional. Se han priorizado las soluciones locales como las clásicas cubiertas de teja, las paredes de piedra natural combinadas con otras revocadas de tonos tierra, las canaletas y los bajantes de acero córten y las puertas de madera que favorecen su integración en la naturaleza. El techo a dos aguas, realizado con vigas y entramado de madera, aporta calidez a las estancias haciéndolas más acogedoras además de ser un gran aislante térmico que ayuda a mantener estables las temperaturas interiores y reduce el consumo energético tanto en verano como en invierno. El gran espacio social del salón-comedor cuenta con enormes puertas correderas acristaladas que permiten la comunicación fluida entre el interior y el exterior con el aporte de iluminación natural. Las habitaciones y espacios privados se ubican en la planta superior.

Street façade

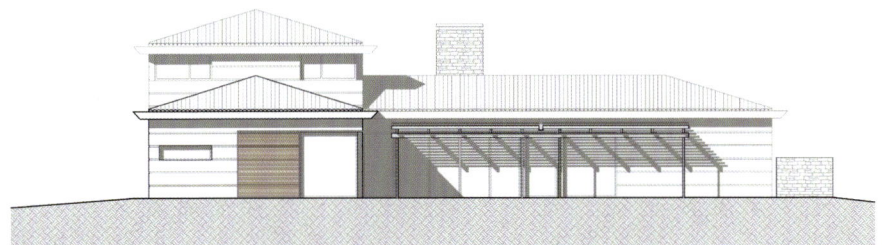
Garden façade

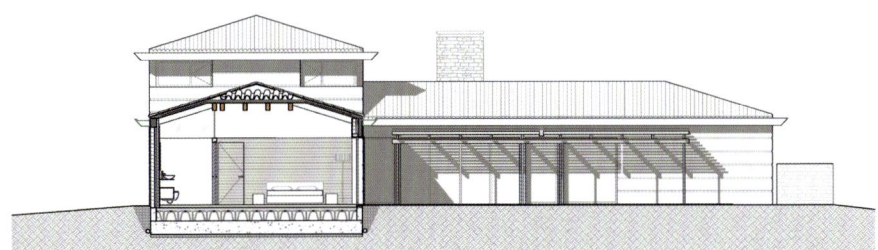
Section

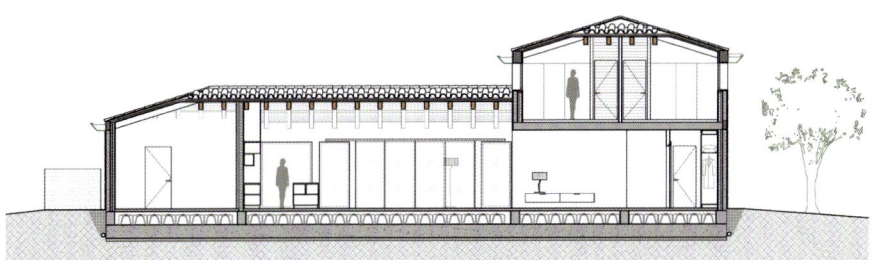
Section

CASA GUALTA // 127

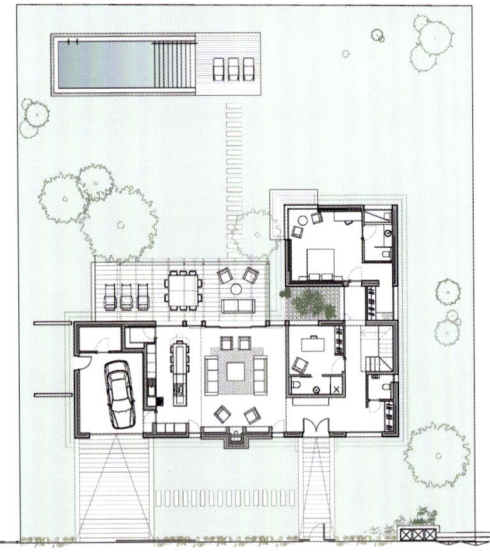

Ground floor

AL MAADEN VILLAS

> **Marrakech, Morocco**
> 430 m²-370 m²
> **Architecture and interior design**
> **Luxury homes**
> 2009

© Exit, Alliances, Patrick Genard

The villas of the Palm Golf Resort, located south of bustling Marrakech, on landscaped plots, open onto the golf course against the backdrop of the Atlas Mountains. Through its past, its culture and its know-how, Morocco offers us its architecture, its craftsmanship, its materials and its traditional, oriental and poetic art of living. We have taken advantage of these values by integrating modernity, technology, minimalism of volumes and western-influenced openings that tend to simplify, illuminate and give quality to the spaces.

Die Villen des Palm Golf Resorts befinden sich südlich des geschäftigen Marrakeschs auf landschaftlich gestalteten Grundstücken, die sich vor der Kulisse des Atlasgebirges zum Golfplatz hin öffnen. Marokko bietet uns durch seine Vergangenheit, seine Kultur und sein Know-how seine Architektur, seine Handwerkskunst, seine Materialien und seine traditionelle, orientalische und poetische Lebenskunst. Wir haben uns diese Werte zunutze gemacht, indem wir Modernität, Technologie, Minimalismus der Volumen und westlich geprägte Öffnungen integriert haben, die die Räume vereinfachen, erhellen und ihnen Qualität verleihen.

Les villas du Palm Golf Resort, situées au sud de l'effervescence de Marrakech, sur des parcelles paysagées, s'ouvrent sur le parcours de golf avec pour toile de fond les montagnes de l'Atlas. Par son passé, sa culture et son savoir-faire, le Maroc nous offre son architecture, son artisanat, ses matériaux et son art de vivre traditionnel, oriental et poétique. Nous avons tiré parti de ces valeurs en intégrant la modernité, la technologie, le minimalisme des volumes et les ouvertures d'influence occidentale qui tendent à simplifier, éclairer et donner de la qualité aux espaces.

Las villas del Palm Golf Resort, situadas al sur de la bulliciosa Marrakech, en parcelas ajardinadas, se abren al campo de golf con el fondo de las montañas del Atlas. A través de su pasado, su cultura y su saber hacer, Marruecos nos ofrece su arquitectura, su artesanía, sus materiales y su arte de vivir tradicional, oriental y poético. Hemos aprovechado estos valores intregrando modernidad, tecnología, minimalismo de volúmenes y aperturas de influencia occidental que tienden a simplificar, a iluminar y dar calidad a los espacios.

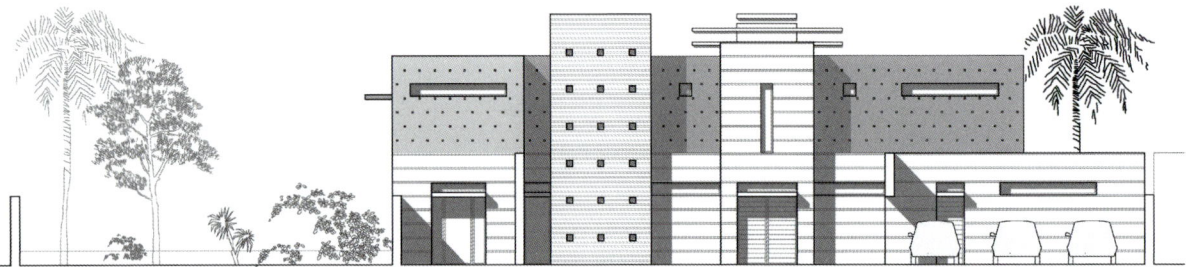

Street façade

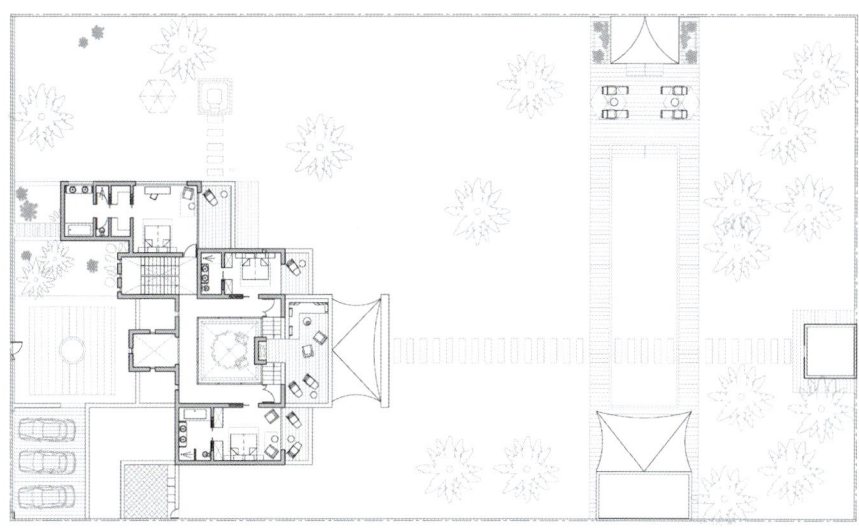

First floor

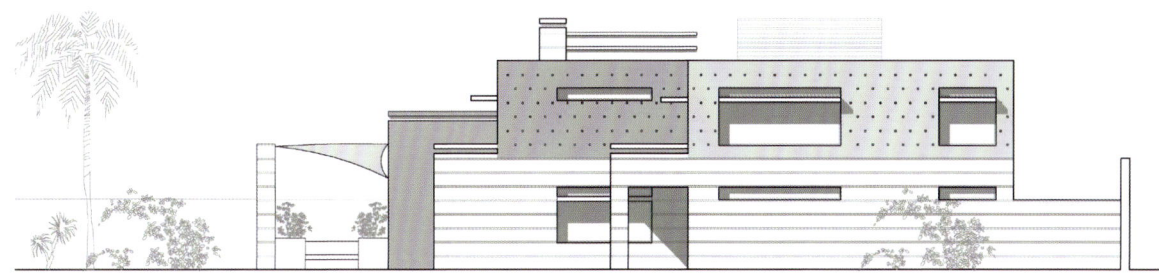

Lateral façade

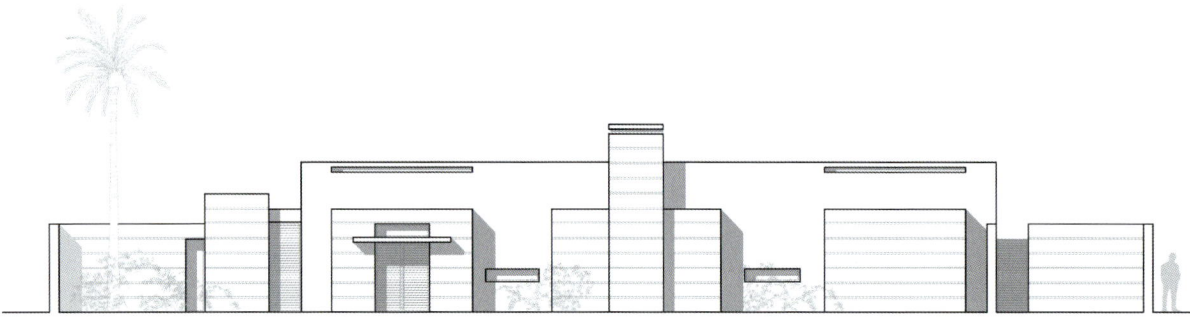

Street façade

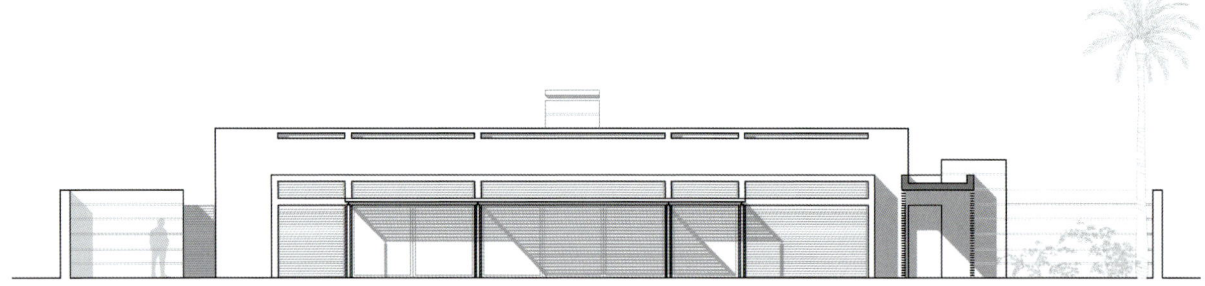

Section

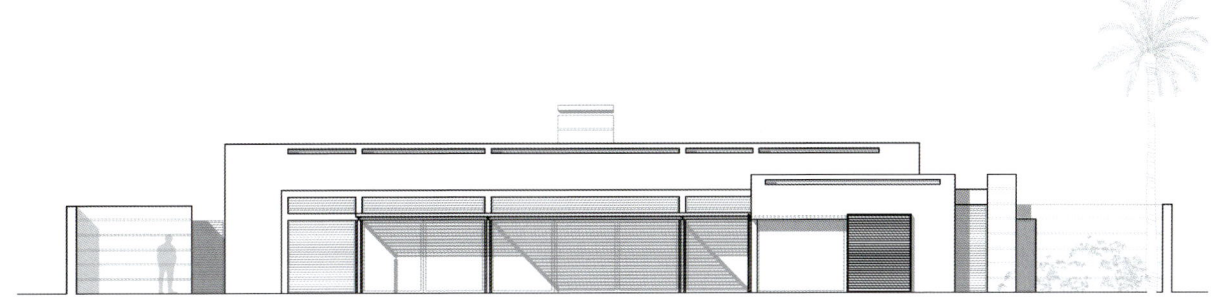

Garden façade

Section

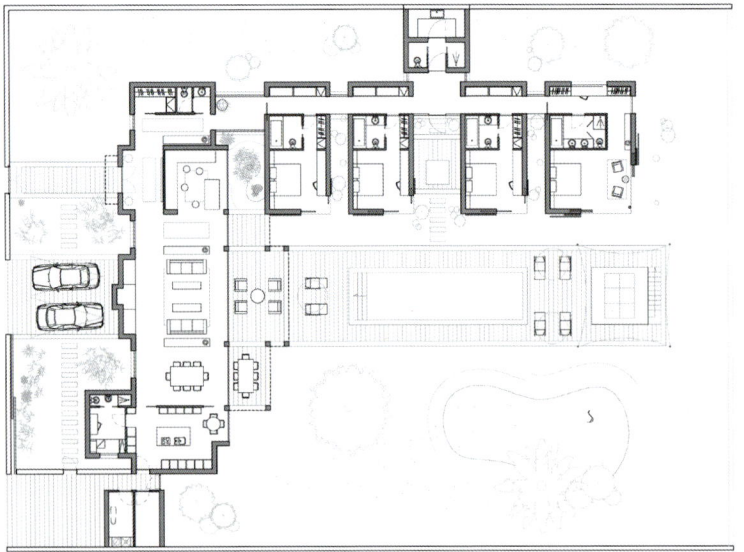

Ground floor

Villa A, more modern, has been "orientalized" and Villa B, more traditional, has been "westernized" to obtain two very different proposals, each with its own character, more or less introverted, but both respond in their own way to our initial concern to integrate opposite polarities.

Die modernere Villa A wurde "orientalisiert" und die traditionellere Villa B wurde "verwestlicht", um zwei sehr unterschiedliche Vorschläge zu erhalten, jeder mit seinem eigenen Charakter, mehr oder weniger introvertiert, aber beide erfüllen auf ihre Weise unser ursprüngliches Anliegen, gegensätzliche Polaritäten zu integrieren.

La Villa A, plus moderne, a été « orientalisée » et la Villa B, plus traditionnelle, a été « occidentalisée » pour obtenir deux propositions très différentes, chacune avec son propre caractère, plus ou moins introvertie, mais toutes deux répondent à leur manière à notre souci initial d'intégrer des polarités opposées.

La Villa A, más moderna, se ha "orientalizado" y la Villa B, más tradicional, se ha "occidentalizado" para obtener dos propuestas muy diferentes, cada una con su propio carácter, más o menos introvertido, pero ambas responden a su manera a nuestra inquietud inicial por integrar polaridades opuestas.

MAMDA-MCMA
HEADQUARTERS

> Rabat, Morocco
> 18.000 m²
> Architecture and interior design
> Corporate headquarters
> 2012

© Exit, Patrick Genard

The external profile of the building takes advantage of and reaffirms the triangular shape of the plot. The façade of the headquarters is conceived as an important element of communication, conveying the business values of the insurer. The large white triangle, pierced by huge windows, shows the solidity, seriousness and honesty as well as the traditional and institutional values of the company, while at the same time being integrated into the neighbourhood thanks to its low height and horizontal proportions.
The urban-scale louvres made by means of wood-look bands filter and reflect the light in allusion to Moroccan tradition, symbolising the refined, elegant, sensitive, poetic, artistic, natural and human aspect of the entity, while reaffirming its environmental commitment.

Die äußere Umhüllung des Gebäudes nutzt die dreieckige Form des Grundstücks aus und unterstreicht sie. Die Fassade des Hauptsitzes ist als ein wichtiges Kommunikationselement konzipiert, das die Unternehmenswerte des Versicherers vermittelt. Das große weiße Dreieck, das von riesigen Fenstern durchbrochen wird, symbolisiert die Solidität, Seriosität und Ehrlichkeit sowie die traditionellen und institutionellen Werte des Unternehmens und fügt sich gleichzeitig dank seiner geringen Höhe und seiner horizontalen Proportionen in die Umgebung ein.
Die städtebaulichen Lamellen aus Bändern in Holzoptik filtern und reflektieren das Licht in Anspielung auf die marokkanische Tradition und symbolisieren den raffinierten, eleganten, sensiblen, poetischen, künstlerischen, natürlichen und menschlichen Aspekt des Unternehmens und bekräftigen gleichzeitig sein Engagement für die Umwelt.

L'enveloppe extérieure du bâtiment tire parti de la forme triangulaire du terrain et la réaffirme. La façade du siège est conçue comme un élément de communication important, véhiculant les valeurs commerciales de l'assureur. Le grand triangle blanc, percé d'immenses fenêtres, symbolise la solidité, le sérieux et l'honnêteté ainsi que les valeurs traditionnelles et institutionnelles de l'entreprise, tout en s'intégrant dans le quartier grâce à sa faible hauteur et à ses proportions horizontales.
Les brise-soleil à l'échelle urbaine réalisées au moyen de bandes d'aspect bois filtrent et reflètent la lumière en allusion à la tradition marocaine, symbolisant l'aspect raffiné, élégant, sensible, poétique, artistique, naturel et humain de l'entité, tout en réaffirmant son engagement environnemental.

La envoltura exterior del edificio aprovecha y reafirma la forma triangular de la parcela. La fachada de la sede se concibe como un importante elemento de comunicación, transmitiendo los valores empresariales de la aseguradora. El gran triángulo blanco, atravesado por enormes ventanales, simboliza la solidez, seriedad y honestidad así como los valores tradicionales e institucionales de la empresa, a la vez que queda integrado en el barrio gracias a su escasa altura y a sus proporciones horizontales.
Las celosías a escala urbana realizadas por medio de bandas de aspecto madera, filtran y reflejan la luz en alusión a la tradición marroquí, simbolizando el aspecto refinado, elegante, sensible, poético, artístico, natural y humano de la entidad, al tiempo que reafirman su compromiso medioambiental.

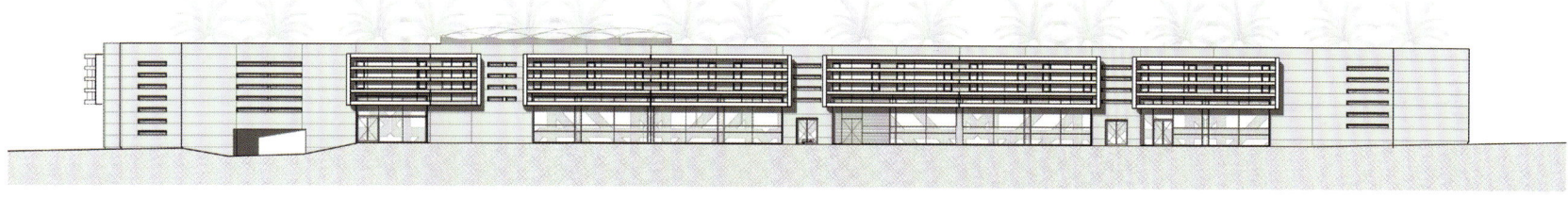

Lateral façade

Main façade

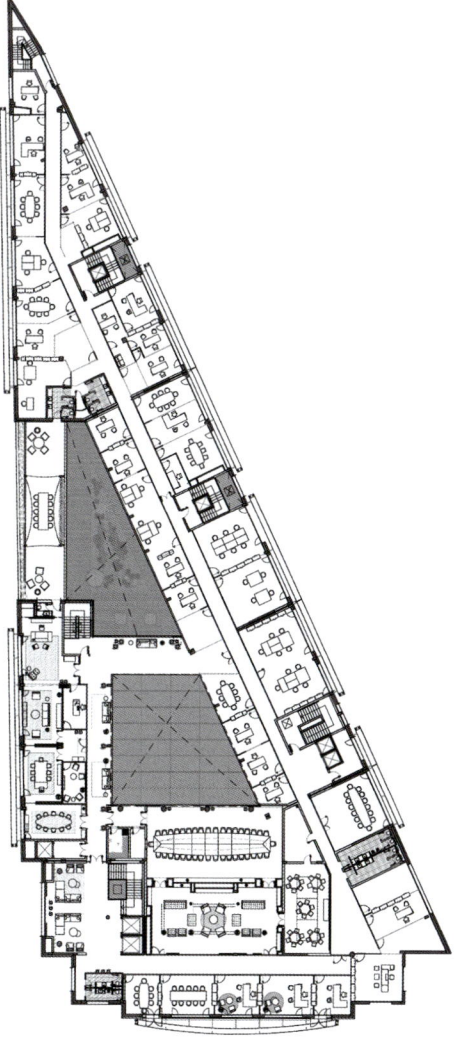

General plan

MAMDA-MCMA HEADQUARTERS // 147

SFIHA CENTER AL HOCEIMA

> Al Hoceima, Morocco
> 35.000 m²
> Architecture and interior design
> Commercial, residential and equipment centre
> 2014

© Exit, Patrick Genard

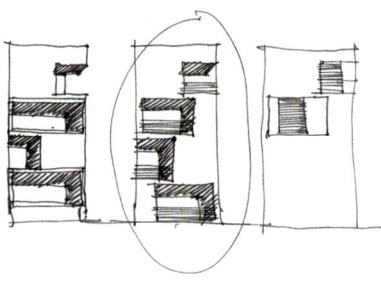

A "Cœur de Vie" has been created where the buildings are related to each other through small streets and squares where the life of the village takes place, recalling the surrounding vernacular spirit. Residential use has been reconciled with shops, social facilities and public spaces through an architectural proposal of white and minimalist masses inspired by the fortified villages of the area, echoing the rock of Al Hoceima and the traditional architecture of Rif.

Es wurde ein „Herz des Lebens" geschaffen, in dem die Gebäude durch kleine Straßen und Plätze miteinander verbunden sind, auf denen sich das Dorfleben abspielt und die an den umgebenden vernakularen Geist erinnern. Die Wohnnutzung wurde mit den Geschäften, sozialen Einrichtungen und öffentlichen Räumen durch einen architektonischen Vorschlag mit weißen, minimalistischen Massen versöhnt, der von den befestigten Dörfern der Region inspiriert ist und an den Felsen von Al Hoceima und die traditionelle Architektur des Rif-Gebirges anknüpft.

Un « Cœur de Vie » a été créé où les bâtiments sont reliés les uns aux autres à travers de petites rues et des places où se déroule la vie du village, rappelant l'esprit vernaculaire environnant. L'usage résidentiel a été réconcilié avec les commerces, les équipements sociaux et les espaces publics à travers une proposition architecturale de masses blanches et minimalistes inspirée des villages fortifiés de la région, faisant écho au rocher d'Al Hoceima et à l'architecture traditionnelle du Rif.

Se ha creado un "Coeur de Vie" en donde los edificios se relacionan entre sí a través de pequeñas calles y plazas donde se desarrolla la vida del pueblo rememorando ese espíritu vernacular circundante. Se ha conciliando el uso residencial con los comercios, el equipamiento social y los espacios públicos a través de una propuesta arquitectónica de masas blancas y minimalistas inspiradas en los pueblos fortificados de la zona, haciéndose eco del peñón de Al Hoceima y de la arquitectura tradicional de Rif.

Site plan

General plan

SFIHA CENTER AL HOCEIMA // 153

Section

The different volumes of plastic architecture give rhythm and identity to the project by means of setbacks and porches, which avoid exposing the large windows to the sun. The bodies are inserted into the existing clearings in the forest and are folded and articulated, adapting to the trees to ensure their conservation.

Die verschiedenen Volumina der plastischen Architektur geben dem Projekt Rhythmus und Identität durch Rücksprünge und Veranden, die verhindern, dass die großen Fenster der Sonne ausgesetzt werden. Die Körper werden in die bestehenden Lichtungen des Waldes eingefügt, sind gefaltet und gegliedert und passen sich den Bäumen an, um deren Erhaltung zu gewährleisten.

Les différents volumes de l'architecture plastique rythment et donnent identité au projet au moyen de retraits et de porches, qui évitent d'exposer les grandes fenêtres au soleil. Les corps sont insérés dans les clairières existantes dans la forêt et sont pliés et articulés, s'adaptant aux arbres pour assurer leur conservation.

Los distintos volúmenes de arquitectura plástica dan ritmo e identidad al proyecto por medio de retranqueos y porches, que evitan exponer los grandes ventanales al sol. Los cuerpos se insertan en los claros existentes en el bosque y, se pliegan y articulan adaptándose a los árboles para garantizar su conservación.

General plan

HOTEL SOUANI
AL HOCEIMA BAY

> Al Hoceima, Morocco
> 4.700 m²
> Architecture and interior design
> 4-stars hotel // 97 Rooms
> 2014

© Exit, Patrick Genard

The hotel is located in the highest area of the land, where the forest loses thickness and as an entrance to the ruin area, which folds to respect the groups of trees around it. It proposes an architecture of great horizontality as a fusion between the natural and the urban: framing with white screens long wooden balconies that slide in horizontal bands serving as a sun for the large windows and terraces offered by the rooms and that frame the two views: to the north over the sea and to the south over the ruins, the city and the countryside. The public spaces on the ground floor, at the foot of the garden, with large glazed volumes protected by brisesoleil in wood, allow a great permeability over the outside, reinforcing this fusion.

Im höchsten Bereich des Geländes, wo der Wald an Dichte verliert und als Eingang in das Ruinengebiet, befindet sich das Hotel, das sich biegt, um die Baumgruppen, die es umgeben, zu respektieren. Es bietet eine Architektur von großer Horizontalität als Verschmelzung zwischen dem Natürlichen und dem Urbanen: Einrahmung mit weißen Schirmen, langen Holzbalkonen, die in horizontalen Bändern gleiten, die als Sonne für die großen Fenster und Terrassen dienen, die von den Zimmern angeboten werden, und die die beiden Ausblicke einrahmen: im Norden auf das Meer und im Süden auf die Ruinen, die Stadt und das Land. Die öffentlichen Räume im Erdgeschoss am Fuße des Gartens mit großen verglasten Volumen, die durch hölzerne Brise-Soleil geschützt sind, ermöglichen eine große Durchlässigkeit nach außen und verstärken diese Verschmelzung.

Dans la zone la plus élevée du terrain, là où la forêt perd de son épaisseur et comme entrée dans la zone des ruines, se trouve l'hôtel, qui se plie pour respecter les groupes d'arbres qui l'entourent. Il propose une architecture d'une grande horizontalité comme une fusion entre le naturel et l'urbain : encadrement avec des écrans blancs, de longs balcons en bois qui coulissent en bandes horizontales servant de soleil aux grandes fenêtres et terrasses offertes par les chambres et qui encadrent les deux vues : au nord sur la mer et au sud sur les ruines, la ville et la campagne. Les espaces publics du rez-de-chaussée, au pied du jardin, avec de grands volumes vitrés protégés par des brise-soleil en bois, permettent une grande perméabilité sur l'extérieur, renforçant cette fusion.

En la zona más elevada del terreno, donde el bosque pierde espesura y como entrada a la zona de ruinas, se emplaza el hotel, que se pliega para respetar los grupos de árboles existentes a su alrededor. Propone una arquitectura de gran horizontalidad como fusión entre lo natural y lo urbano: encuadrando con pantallas blancas largos balcones de madera que se deslizan en bandas horizontales sirviendo de para sol para los grandes ventanales y terrazas que ofrecen las habitaciones y que enmarcan las dos vistas: al norte sobre el mar y al sur sobre las ruinas, la ciudad y los campos. Los espacios públicos en la planta baja, a pie del jardín, con grandes volúmenes vidriados protegidos por brise soleil en madera permiten una gran permeabilidad sobre el exterior reforzando esta fusión.

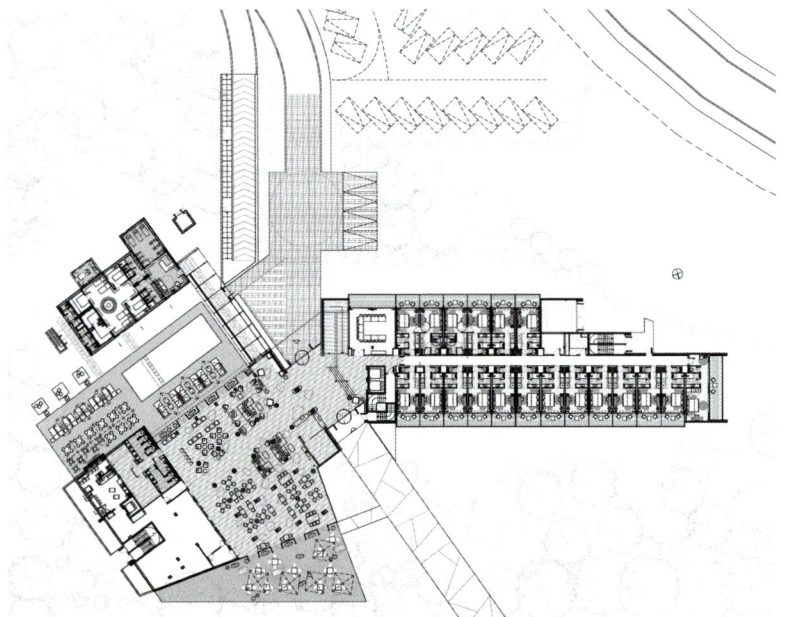

Ground floor

Through the use of materials such as wood and stone, the interior design also evokes this spirit of fusion of these two worlds of the forest and the ruins, enhanced by the great interior-exterior transparency.

Durch die Verwendung von Materialien wie Holz und Stein wird auch bei der Inneneinrichtung der Geist der Verschmelzung dieser beiden Welten, des Waldes und der Ruinen, hervorgerufen, der durch die große Transparenz zwischen Innen und Außen noch verstärkt wird.

Grâce à l'utilisation de matériaux tels que le bois et la pierre, l'aménagement intérieur évoque également cet esprit de fusion entre les deux mondes de la forêt et des ruines, renforcé par la grande transparence intérieur-extérieur.

A través del uso de materiales como la madera y la piedra, el interiorismo, también evoca este espíritu de fusión de estos dos mundos del bosque y de las ruinas potenciado por la gran transparencia interior-exterior.

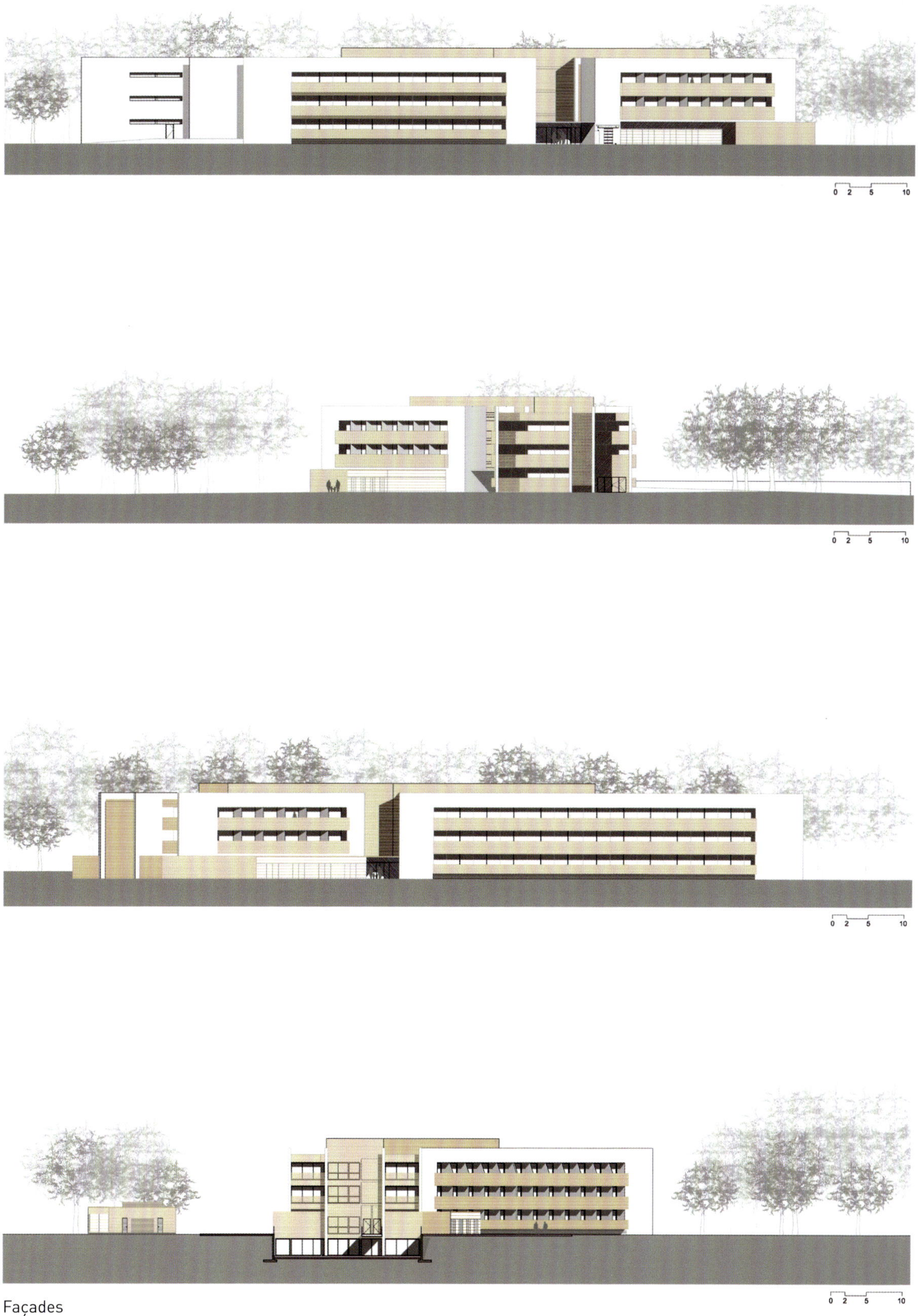

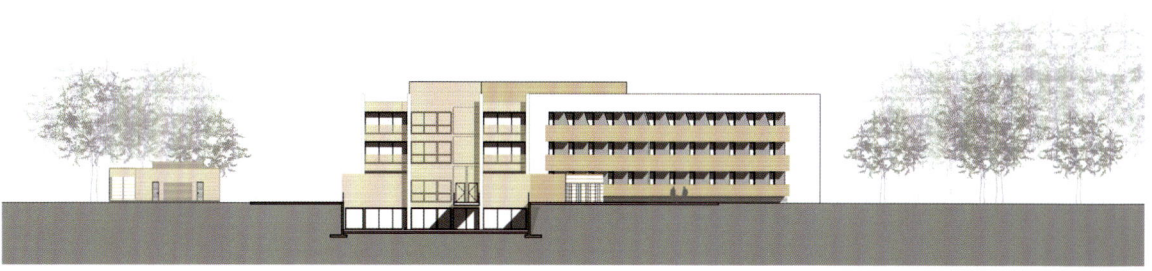

Façades

HOTEL SOUANI AL HOCEIMA BAY // 163

HOTEL SOUANI AL HOCEIMA BAY

HOTEL MERCURE
QUEMADO RESORT

> **Al Hoceima, Morocco**
> **25.000 m²**
> **Architecture and interior design**
> **4-star hotel // 100 rooms,**
   48 apart-hotel rooms,
   32 bungalows
> **2014**

© Exit, Patrick Genard

The project is implanted within the footprint of the old buildings that originally modified the site, making use of a fractal architecture that allows it to fit into the terrain, respecting the contour lines and approaching the site with gentle slopes, terraces, concave or convex volumes depending on the topography. In this way, it reconciles the city with the sea, proposing a pedestrian walkway as a public promenade to enjoy the views and esplanades full of life in the heart of the bay, animated by small shops and restaurants.

Das Projekt fügt sich in die Grundrisse der alten Gebäude ein, die das Gelände ursprünglich veränderten, und nutzt eine fraktale Architektur, die es ermöglicht, sich in das Gelände einzufügen, indem sie die Höhenlinien respektiert und sich dem Gelände mit sanften Hängen, Terrassen, konkaven oder konvexen Volumen je nach Topographie nähert. Auf diese Weise bringt es die Stadt mit dem Meer in Einklang, indem es einen Fußgängerweg als öffentliche Promenade vorschlägt, um die Aussicht zu genießen, und belebte Esplanaden im Herzen der Bucht, die durch kleine Geschäfte und Restaurants belebt werden.

Le projet s'implante dans l'empreinte des anciens bâtiments qui ont modifié le site à l'origine, en utilisant une architecture fractale qui lui permet de s'intégrer au terrain, en respectant les courbes de niveau et en abordant le site avec des pentes douces, des terrasses, des volumes concaves ou convexes en fonction de la topographie. Il réconcilie ainsi la ville avec la mer, en proposant une voie piétonne comme promenade publique pour profiter des vues, et des esplanades pleines de vie au cœur de la baie, animées par des petits commerces et des restaurants.

El proyecto se implanta dentro de la huella de las antiguas construcciones que modificaron el sitio originalmente haciendo uso de una arquitectura fractal que le permite acoplarse al terreno, respetando los accidentes de curvas de nivel y abordar el sitio en pendientes suaves, terrazas, volúmenes cóncavos o convexos según la topografía. De esta forma reconcilia urbanísticamente la ciudad con el mar, proponiendo un recorrido peatonal como un paseo público que permite disfrutar de las vistas, y explanadas llenas de vida en el corazón de la bahía, animadas por medio de pequeños comercios y restaurantes.

The simple and sober white architecture, which emerges from a stone base, is integrated into the landscape in a sustainable way, favouring the views from the hotel towards the sea and the surrounding forest by means of horizontal terraces and public esplanades open to the horizon. The different typologies of the hotel and the residences are perceived as an ensemble that reinterprets the architecture of the Rif in a contemporary way, while also integrating into the cultural environment as a "white city on the cliff".

Auf diese Weise bringt es die Stadt mit dem Meer in Einklang, indem ein Fußgängerweg als öffentliche Promenade vorgeschlagen wird, um die Aussicht auf die belebten Esplanaden im Herzen der Bucht zu genießen, die durch kleine Geschäfte und Restaurants belebt werden. Die verschiedenen Typologien des Hotels und der Wohnungen werden als ein Ensemble wahrgenommen, das die Architektur des Rif auf zeitgemäße Weise neu interpretiert und sich gleichzeitig als "weiße Stadt auf dem Felsen" in das kulturelle Umfeld einfügt.

L'architecture blanche, simple et sobre, qui émerge d'un socle en pierre, s'intègre dans le paysage de manière durable, en favorisant les vues de l'hôtel vers la mer et la forêt environnante au moyen de terrasses horizontales et d'esplanades publiques ouvertes sur l'horizon. Les différentes typologies de l'hôtel et des résidences sont perçues comme un ensemble qui réinterprète l'architecture du Rif de manière contemporaine, tout en s'intégrant dans l'environnement culturel comme une «ville blanche sur la falaise».

La blanca arquitectura, sencilla y sobria, que emerge a partir de una base de piedra, se integra en el paisaje de manera sostenible favoreciendo las vistas desde el hotel hacia el mar y el bosque circundante por medio de terrazas horizontales y de explanadas públicas abiertas sobre el horizonte. Las diferentes tipologías del hotel y de las residencias se perciben como un conjunto que reinterpreta de manera contemporánea la arquitectura de Rif, integrándose también al entorno cultural como una "ciudad blanca sobre el acantilado".

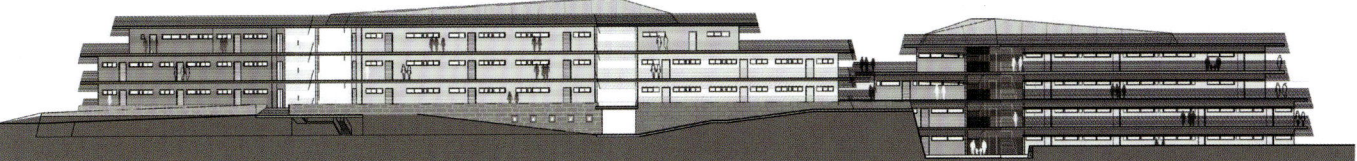
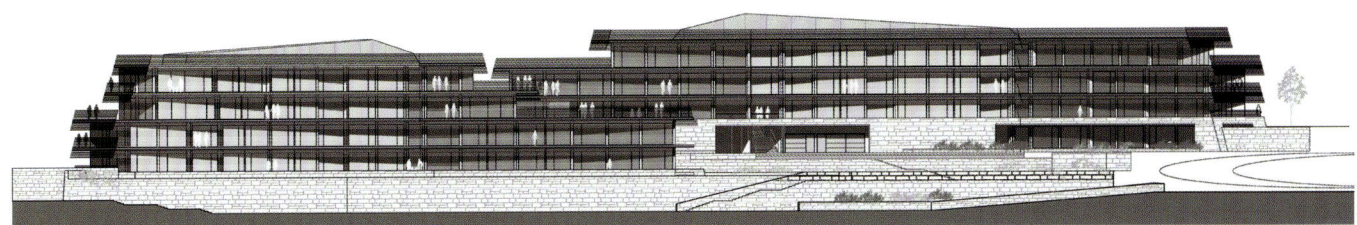

Aparthotel façades

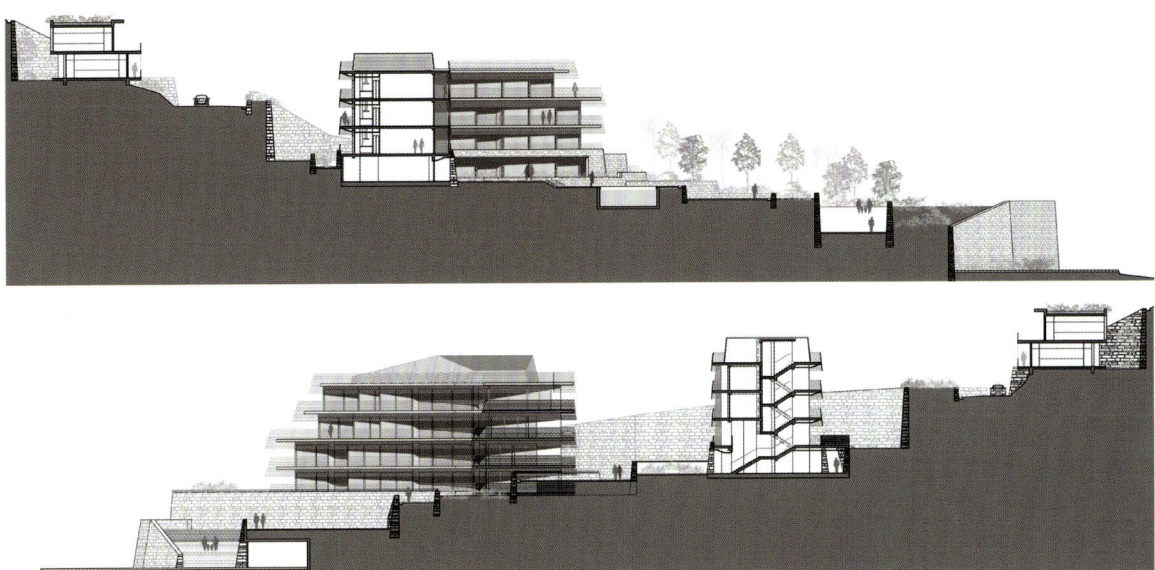

Aparthotel sections

HOTEL MERCURE QUEMADO RESORT // 171

General plan

HOTEL MERCURE QUEMADO RESORT // 173

CEGELEC HEADQUARTERS

> Casablanca, Morocco
> 10.000 m²
> Architecture and
  interior design
> Corporate headquarters
> 2011

© Exit, Patrick Genard

The building has a double trapezoidal shape to reduce the east and west façades, which are highly thermally penalized. This double pinch gives the building a great slenderness and dynamic movement to the façade. The two main façades are oriented north and south for reasons of thermal efficiency.
It also makes it possible to offer, at the ends of the upper floor, the most emblematic double-height spaces.
The ground floor, with the highest ceilings, houses the most representative programs or those open to the public such as the reception, the hall and the commercial department. On the south façade, a restaurant opens onto a terrace and a park, acting as a screen between the headquarters and the industrial environment.

Das Gebäude hat eine doppelte Trapezform, um die Ost- und Westfassaden zu verkleinern, die thermisch stark beansprucht sind. Diese doppelte Zwickelung verleiht dem Gebäude eine große Feinheit und der Fassade eile dynamische Bewegung. Die beiden Hauptfassaden sind aus Gründen der thermischen Effizienz nach Norden und Süden ausgerichtet.
Sie ermöglicht es auch, an den Enden des Obergeschosses die emblematischsten Räume mit doppelter Höhe anzubieten.
Das Erdgeschoss mit den höchsten Decken beherbergt die repräsentativsten Programme oder solche, die der Öffentlichkeit zugänglich sind, wie der Empfang, die Lobby und die Verkaufsabteilung. An der Südfassade öffnet sich ein Restaurant zu einer Terrasse und einem Park und fungiert als Abschirmung zwischen dem Hauptsitz und der industriellen Umgebung.

Le bâtiment a une double forme trapézoïdale pour réduire les façades est et ouest, qui sont fortement pénalisées thermiquement. Ce double pincement donne au bâtiment une grande finesse et un mouvement dynamique à la façade. Les deux façades principales sont orientées nord et sud pour des raisons d'efficacité thermique.
Il permet également d'offrir, aux extrémités de l'étage supérieur, les espaces à double hauteur les plus emblématiques.
Le rez-de-chaussée, avec les plus hauts plafonds, abrite les programmes les plus représentatifs ou ceux ouverts au public comme l'accueil, le hall et le service commercial. Sur la façade sud, un restaurant s'ouvre sur une terrasse et un parc, faisant office d'écran entre le siège et l'environnement industriel.

El edificio tiene una doble forma trapezoidal para reducir las fachadas este y oeste, que están muy penalizadas térmicamente. Este doble pellizco confiere al edificio una gran esbeltez y movimiento dinámico a la fachada. Las dos fachadas principales están orientadas al norte y al sur por razones de eficiencia térmica.
También permite ofrecer, en los extremos de la planta superior los espacios más emblemáticos a doble altura.
La planta baja, con los techos más altos, alberga los programas más representativos o los abiertos al público como la recepción, el hall y el departamento comercial. En la fachada sur, un restaurante abre hacia una terraza y un parque, ejerciendo como una pantalla entre la sede y el entorno industrial.

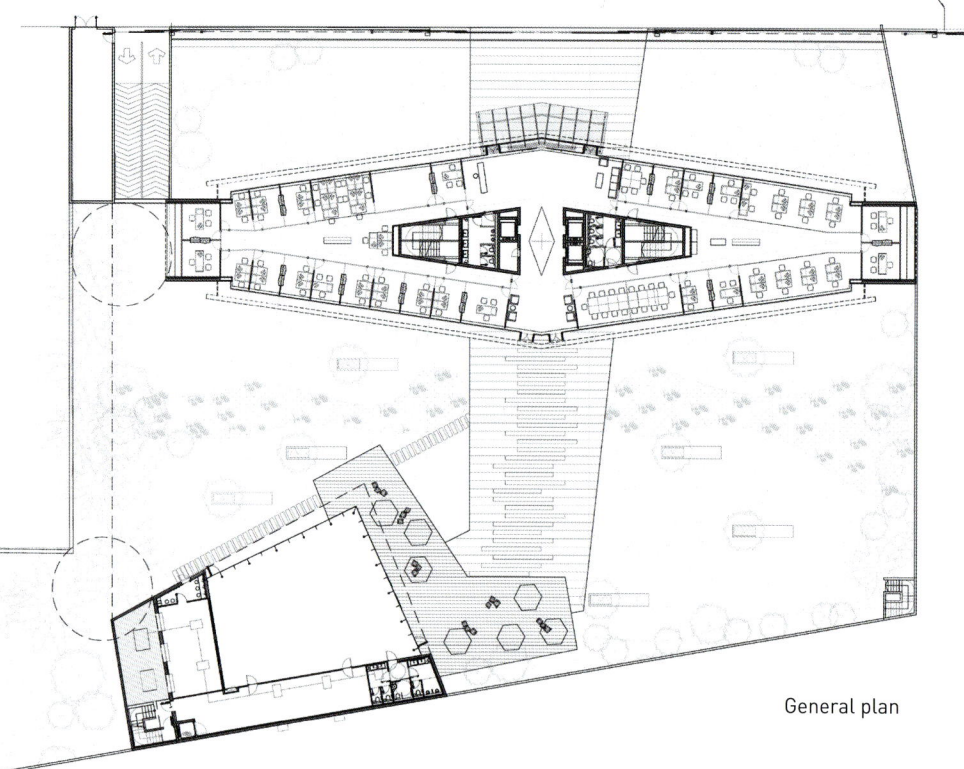

General plan

An emblematic and ecological building, in an attractive natural environment that guarantees optimal working conditions and has a reasonable investment and maintenance cost.

Ein symbolträchtiges und umweltfreundliches Gebäude in einer attraktiven natürlichen Umgebung, das optimale Arbeitsbedingungen garantiert, hat angemessene Investitions- und Unterhaltskosten.

Un bâtiment emblématique et écologique, dans un environnement naturel attractif qui garantit des conditions de travail optimales, a un coût d'investissement et d'entretien raisonnable.

Un edificio emblemático y ecológico, en un entorno natural atractivo que garantiza unas condiciones de trabajo óptimas con un coste de inversión y mantenimiento razonable.

LLULL FAÇADE

> Barcelona, Spain
> 2.000 m²
> Façade rehabilitation
> Offices
> 2008

© Alejo Bague, Wenzel, Patrick Genard

Project for the rehabilitation of the exterior and interior façades, respecting the original characteristics of the building, adapting the thermal and acoustic insulation of the enclosure and the glass and relocating the technical elements on the roof.
The protruding façade bodies are framed, ordering and unifying the exterior appearance of the premises by means of a modular system composed of three typologies: fixed glass of three sizes, hinged door with exterior railing and grille module that allows ventilation. The horizontal ones are highlighted by means of continuous bands placed on the edges of the slabs. In the rest of the façades that are set back, the existing windows are replaced by more sophisticated ones, preserving the original aesthetics, eliminating the tile and placing in its place neutral monolayer stucco. The building's plinth and stairwells are rehabilitated.

Projekt zur Sanierung der Außen- und Innenfassaden, wobei die ursprünglichen Merkmale des Gebäudes erhalten bleiben, die Wärme- und Schalldämmung der Einhausung und der Verglasung angepasst und die technischen Elemente auf das Dach verlegt werden.
Die vorspringenden Fassadenkörper werden eingefasst und ordnen und vereinheitlichen das äußere Erscheinungsbild der Räume mithilfe eines modularen Systems, das aus drei Typologien besteht: Festglas in drei Größen, Flügeltür mit Außengeländer und Gittermodul, das die Belüftung ermöglicht. Die Horizontalen werden durch durchgehende Streifen hervorgehoben, die an den Kanten der Platten angebracht sind. In den restlichen zurückgesetzten Fassaden werden die vorhandenen Fenster durch anspruchsvollere Fenster ersetzt, wobei die ursprüngliche Ästhetik erhalten bleibt, die Fliesen entfernt und stattdessen ein neutraler, einschichtiger Stuck angebracht wird. Der Sockel und die Treppenhäuser des Gebäudes wurden saniert.

Projet de réhabilitation des façades extérieures et intérieures, en respectant les caractéristiques d'origine du bâtiment, en adaptant l'isolation thermique et acoustique de l'enceinte et du vitrage et en déplaçant les éléments techniques sur la toiture.
Les corps de façade en saillie sont encadrés, ordonnant et unifiant l'aspect extérieur des locaux au moyen d'un système modulaire composé de trois typologies : verre fixe de trois tailles, porte battante avec garde-corps extérieur et module de grille qui permet la ventilation. Les horizontales sont mises en valeur au moyen de bandes continues placées sur les bords des dalles. Dans le reste des façades en retrait, les fenêtres existantes sont remplacées par des fenêtres plus sophistiquées, en préservant l'esthétique d'origine, en éliminant le carrelage et en plaçant à sa place un stuc monocouche neutre. Le socle et les cages d'escalier du bâtiment sont réhabilités.

Proyecto de rehabilitación de las fachadas, exteriores e interiores, respetando las características originales del edificio, adecuando los aislamientos térmicos y acústicos de cerramiento y los cristales y re-ubicando los elementos técnicos en la cubierta.
Los cuerpos de fachada que sobresalen se enmarcan, ordenando y unificando el aspecto exterior de los locales por medio de un sistema modular compuesto por tres tipologías: vidrios fijos de tres tamaños, puerta abatible con barandilla exterior y módulo de rejilla que permite la ventilación. Las horizontales se destacan por medio de bandas continuas colocadas sobre los cantos de forjados. En el resto de fachadas que quedan retranqueadas, se sustituyen las ventanas existentes por unas más performantes conservando la estética original, eliminando el azulejo y colocando en su lugar un estuco monocapa neutro. El zócalo del edificio y los cuerpos de escaleras se rehabilitan.

LLULL FAÇADE // 183

Façades

The ensemble has been made in a neutral range of grays that offer an elegant and sober look to the building.

Das gesamte Gebäude wurde in einer neutralen Palette von Grautönen gehalten, die dem Gebäude ein elegantes und schlichtes Aussehen verleihen.

L'ensemble a été réalisé dans une gamme neutre de gris qui offre un aspect élégant et sobre au bâtiment.

El conjunto ha sido realizado en una gama neutra de grises que ofrecen un aspecto elegante y sobrio al edificio.

QUARS MEGASTORE

> Andorra la Vella, Andorra
> 3.000 m²
> Architecture and interior design
> Commercial and offices
> 1999

© Patrick Genard

It takes its peculiar shape from a very meagre plot of land, elongated with curves and points in the vague shape of a sperm whale. The ground floor, commercial and completely glazed, occupies its entirety, relegating the vestibule and the circulation nucleus to its triangle-shaped extremity. To gain commercial space, the ground floor has been divided into half floors, creating a mezzanine to connect with the basement. The four floors are built with the maximum authorised overhang to extend the floor plan and protect the ground floor from excessive sunlight. A penthouse floor with a triangular geometry, in contrast to the curves of the overall volume, has been built in a recessed form creating a terrace with a spectacular view over the valley in the manner of a ship's bridge.

Das Projekt ähnelt einem Boot, das am Ufer des Flusses Valira, der durch Andorra La Vella fließt, vertäut ist. Es nimmt seine eigentümliche Form von einem sehr kargen Grundstück an, länglich mit Kurven und Spitzen in der vagen Form eines Pottwals. Das vollständig verglaste Erdgeschoss nimmt die gesamte Fläche des Gebäudes ein, wobei das Vestibül und der Verkehrskern an die dreieckige Spitze des Gebäudes verlegt wurden. Um Geschäftsräume zu gewinnen, wurde das Erdgeschoss in Halbgeschosse unterteilt, wodurch ein Zwischengeschoss und ein Zwischengeschoss mit Verbindung zum Untergeschoss entstanden sind. Die vier Stockwerke sind mit dem maximal zulässigen Überhang gebaut, um den Grundriss zu erweitern und das Erdgeschoss vor übermäßiger Sonneneinstrahlung zu schützen. Eine Penthouse-Etage mit dreieckiger Geometrie, die im Gegensatz zu den Kurven des Gesamtvolumens steht, wurde in einer zurückgesetzten Form gebaut, die eine Terrasse mit spektakulärem Blick über das Tal in der Art einer Schiffsbrücke schafft.

Ce projet ressemble à un bateau amarré sur les rives de la rivière Valira qui traverse Andorra La Vella. Il tire sa forme particulière d'un très maigre terrain, allongé avec des courbes et des pointes ayant la forme vague d'un cachalot.
Le rez-de-chaussée, commercial et entièrement vitré, occupe la totalité du bâtiment, reléguant le vestibule et le noyau de circulation à son extrémité triangulaire. Pour gagner de l'espace commercial, le rez-de-chaussée a été divisé en demi-étages, créant une mezzanine et une mezzanine de liaison avec le sous-sol. Les quatre étages sont construits avec le maximum de porte-à-faux autorisé pour prolonger le plan et protéger le rez-de-chaussée d'un ensoleillement excessif.
Un étage d'attique à la géométrie triangulaire, en contraste avec les courbes du volume global, a été construit en retrait, créant une terrasse avec une vue spectaculaire sur la vallée, à la manière d'un pont de bateau.

Este proyecto se asemeja a un barco atracado en la orilla del rio Valira. Saca su forma peculiar de un terreno, muy exiguo, alargado con curvas y puntas en vaga forma de cachalote.
La planta baja, comercial y completamente acristalada ocupa su totalidad relegando el vestíbulo y el núcleo de circulación en su extremidad en forma de triangulo. Para ganar espacio comercial, se ha dividido la planta baja en medios pisos, creando un altillo y un entresuelo para conectar con la planta sótano. Los 4 pisos están construidos con el máximo voladizo autorizado para ampliar la planta y proteger la planta baja del exceso de insolación. Una planta ático de geometría triangular, en contraste con las curvas del volumen general, ha sido construida retranqueada creando una terraza con una vista espectacular sobre el valle a la manera de un puente de navío.

The second concept consisted of creating a "polar" façade in granite, river side, with reduced openings in horizontal composition and a "solar façade", in curtain wall with horizontal brise-soleil, for the rest of the building from east to west, creating an interesting contrast between the two poles of the building.

Das zweite Konzept bestand darin, eine „polare" Fassade aus Granit auf der Flussseite mit reduzierten Öffnungen in horizontaler Komposition und eine „Sonnenfassade" aus Vorhangfassade mit horizontalem Brise-Soleil für den Rest des Gebäudes von Osten nach Westen zu schaffen, wodurch ein interessanter Kontrast zwischen den beiden Polen des Gebäudes entsteht.

Le second concept consistait à créer une façade « polaire » en granit, côté rivière, avec des ouvertures réduites en composition horizontale et une « façade solaire », en mur-rideau avec des brise-soleil horizontaux, pour le reste du bâtiment d'est en ouest, créant un contraste intéressant entre les deux pôles du bâtiment.

El segundo concepto ha consistido en crear una fachada "polar" en granito, lado río, con unas aberturas reducidas en composición horizontal y una "fachada solar", en muro cortina con brise-soleil horizontales, para el resto del edificio de Este a Oeste, creando un contraste interesante entre los dos polos del edificio.

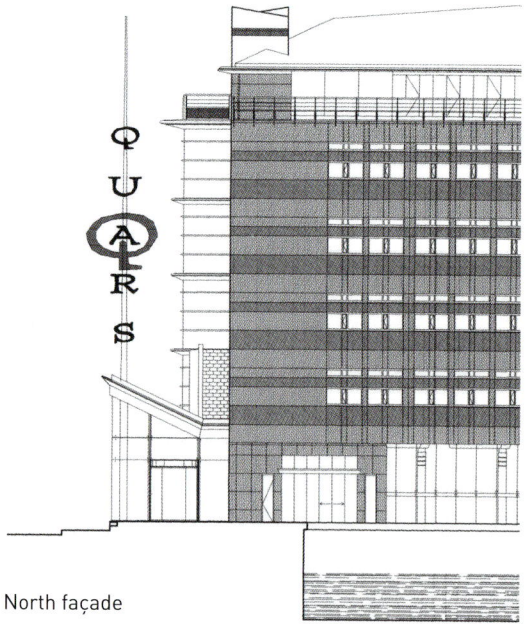

North façade

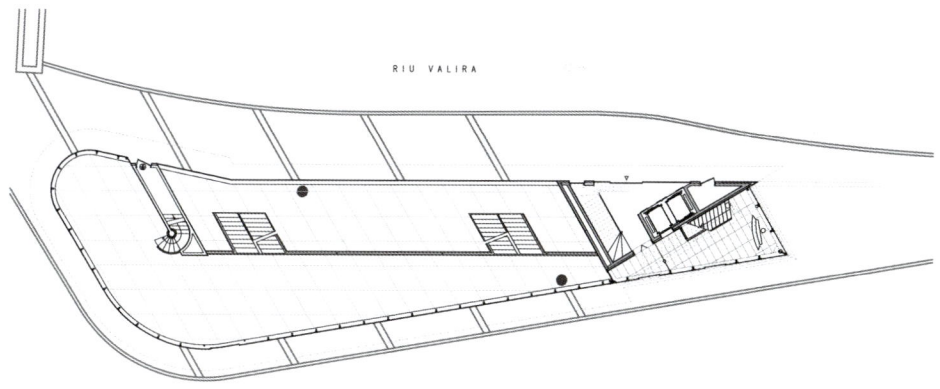

Ground floor

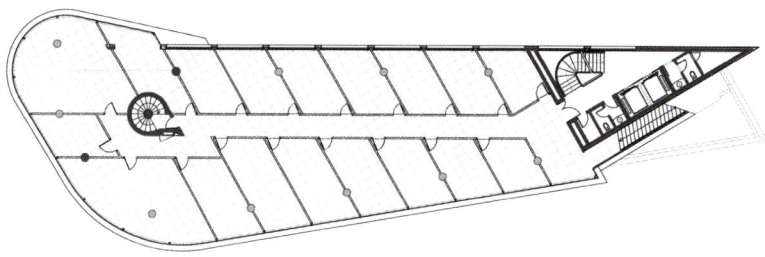

General floor

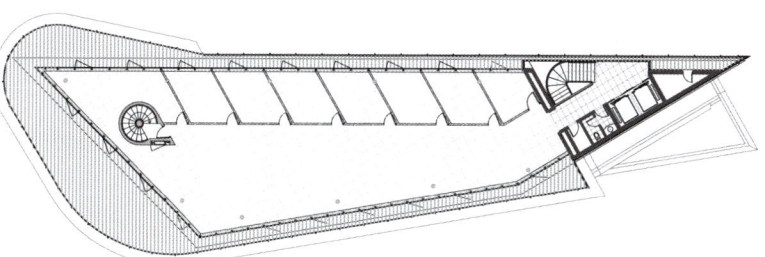

Penthouse

QUARS MEGASTORE // 191

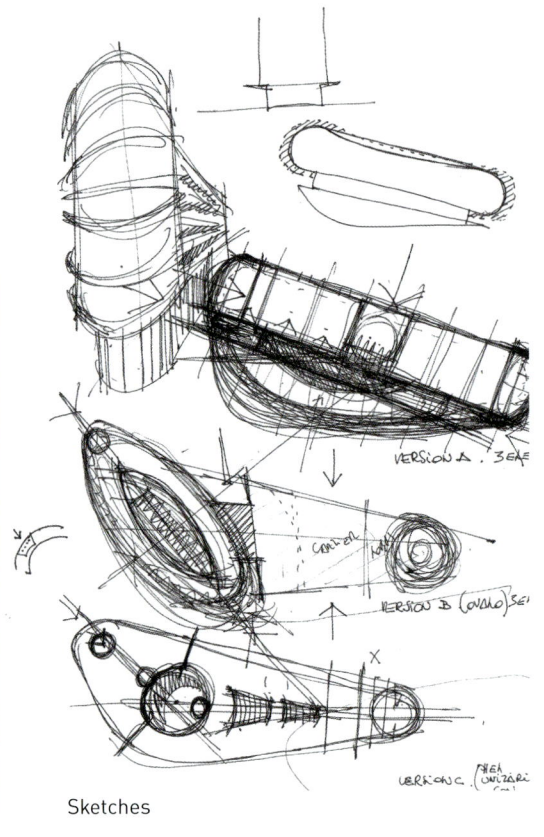

Sketches

192 // QUARS MEGASTORE

Section

QUARS MEGASTORE // 193

LES MYRIADES BOUSKOURA

LES MYRIADES BOUSKOURA

> **Les Myriades Bouskoura,**
> Casablanca, Morocco
> 38.500 m²
> Commercial village
> 2022

© Fabrice Coiffard, Patrick Genard

The project brings together the best of the Mediterranean and Islamic urban planning and architectural traditions, with a public space that conforms to the built environment, itself designed as a sculpted mass. Mediterranean lifestyle and culture, in the car-free public space, the district and its alleyways, shaded squares with photovoltaic pergolas. The architecture is off-axis and random, with free, interlocking volumes, as a reinterpretation of vernacular fabrics, but with a resolutely contemporary aspect to offer a qualitative, poetic environment, very much alive thanks to a wide variety of volumes and animations: a thread of water, a basin with a glass backdrop illuminating the car parks, a fountain, green spaces, a children's play area, etc...

Das Projekt greift das Beste aus der mediterranen und islamischen Tradition der Stadtplanung und Architektur auf, mit einem öffentlichen Raum, der den Gebäuden entspricht, die ihrerseits als skulpturale Masse konzipiert sind. Mediterrane Lebensart und Kultur im autofreien öffentlichen Raum, das Viertel mit seinen Gassen und Plätzen, die durch photovoltaische Pergolen beschattet werden. Eine versetzte und zufällige Architektur mit freien, ineinander verschachtelten Volumen als Neuinterpretation der volkstümlichen Gewebe, aber mit einem entschieden zeitgenössischen Aspekt, um eine qualitative, poetische Umgebung zu bieten, die dank einer großen Vielfalt an Volumen und Animationen sehr lebendig ist: Wasserleitung, Becken mit einem Glasboden, der die Parkplätze beleuchtet, Brunnen, Grünflächen, Kinderspielplatz etc.

Le projet reprend le meilleur de la tradition urbanistique et architecturale méditerranéenne et islamique, avec un espace public qui conforme le bâti, lui-même conçu comme une masse sculptée. Art de vivre et culture méditerranéenne, dans l'espace public libéré des voitures, le quartier et ses ruelles, placettes ombragées avec des pergolas photovoltaïques. Une architecture désaxée et aléatoire, de volumes libres, imbriqués, comme réinterprétation des tissus vernaculaires, mais avec un aspect résolument contemporain pour offrir un environnement qualitatif, poétique, très vivant grâce à une grande variété de volumétries et d'animations : fil d'eau, bassin avec un fond vitré illuminant les parkings, fontaine, espaces verts, aire de jeu pour enfants, etc.

El proyecto reúne lo mejor de las tradiciones urbanísticas y arquitectónicas mediterráneas e islámicas, con un espacio público que se ajusta al entorno construido, diseñado a su vez como una masa esculpida. Estilo de vida y cultura mediterráneos en el espacio público sin coches, el barrio y sus callejuelas, plazas sombreadas con pérgolas fotovoltaicas. La arquitectura está fuera de eje y es aleatoria, con volúmenes libres y entrelazados, como una reinterpretación de los tejidos vernáculos, pero con un aspecto decididamente contemporáneo para ofrecer un entorno cualitativo y poético, muy vivo gracias a una gran variedad de volúmenes y animaciones: un hilo de agua, una pila con fondo de cristal que ilumina los aparcamientos, una fuente, espacios verdes, una zona de juegos infantiles, etc.

ROYAL MANSOUR
HOTEL CASABLANCA

> Casablanca, Morocco
> 42.000 m²
> Architecture
> 5-star Hotel Palace
> 2024
> Interior Design: Axe International

© PGA, Devprom

The new Royal Mansour Casablanca completes the urban planning intention of the original project of a 24-storey tower as part of the ensemble of high-rise buildings along avenue des FAR, and recovering the initial urban plan known as "tooth comb".
The former Royal Mansour hotel was the first building built in this district near the medina and the Casa Port train station, developed using modernist town planning. Thus, while the center of Casablanca was renowned for its Art Deco aesthetic, this district was entirely dedicated to the architecture of the midcentury modern movement.
The original building was in fact only part of a much more monumental project which included 2 towers of 8 levels and a tower of 24 floors. Unfortunately, the project inaugurated in 1952 was built of only 10 floors due to budgetary constraints and consequently lost its initial vertical character.

Das neue Royal Mansour Casablanca vervollständigt die städtebauliche Absicht des ursprünglichen Projekts eines 24-stöckigen Turms als Teil des Hochhausensembles entlang der Avenida des FAR und stellt den ursprünglichen städtebaulichen Plan, der als „Zahnkamm" bekannt ist, wieder her. Das ehemalige Hotel Royal Mansour war das erste Gebäude, das in diesem Viertel in der Nähe der Medina und des Bahnhofs Casa Port nach modernistischen städtebaulichen Gesichtspunkten errichtet wurde. Während das Stadtzentrum von Casablanca für seine Art-déco-Ästhetik bekannt war, war dieses Viertel ganz der Architektur der Moderne der Jahrhundertmitte gewidmet. Das ursprüngliche Gebäude war in Wirklichkeit nur Teil eines weitaus monumentaleren Projekts, das zwei Türme mit acht Stockwerken und einen Turm mit 24 Stockwerken umfasste. Leider wurde das 1952 eingeweihte Projekt aufgrund von Haushaltszwängen nur mit 10 Stockwerken gebaut und verlor dadurch seinen ursprünglichen vertikalen Charakter.

Le nouveau Royal Mansour Casablanca complète la volonté urbanistique du projet initial d'une tour de 24 étages s'intégrant dans l'ensemble des immeubles de grande hauteur le long de l'avenue des FAR, et récupérant le plan d'urbanisme original dit en « dent de peigne ».
L'ancien hôtel Royal Mansour fut le premier bâtiment construit dans ce quartier à la proximité de la médina et de la gare Casa Port, aménagé par un urbanisme moderniste. Alors que le centre de Casablanca était réputé pour son esthétique Art Déco, ce quartier était entièrement dédié à l'architecture du mouvement moderne de l'après-guerre.
Le bâtiment original n'était en fait qu'une partie d'un projet bien plus monumental qui prévoyait 2 tours de 8 niveaux et une tour de 24 étages. Malheureusement, le projet inauguré en 1952 a été construit sur seulement 10 étages en raison de contraintes budgétaires et par conséquent perdit son caractère vertical initial.

El nuevo Royal Mansour Casablanca completa la intención urbanística del proyecto original de una torre de 24 plantas como parte del conjunto de edificios de gran altura a lo largo de la avenida de las FAR, y recuperando el plan urbanístico inicial conocido como "de peine".
El antiguo hotel Royal Mansour fue el primer edificio construido en esta zona cerca de la medina y la estación de tren de Casa Port, desarrollada con un plan urbanístico modernista. Así, mientras que el centro de Casablanca era conocido por su estética Art Déco, este barrio estaba completamente dedicado a la arquitectura del movimiento moderno de post-guerra.
El edificio original era, de hecho, parte de un proyecto mucho más monumental que incluía 2 torres de 8 niveles y una torre de 24 plantas. Desafortunadamente, el proyecto que fue inaugurado en 1952 con únicamente 10 plantas, debido a limitaciones presupuestarias, perdió, en consecuencia, su carácter vertical inicial.

Although the demolition of the 1952 building was unavoidable, it was decided to rebuild the facade akin to the original and to revive the distinctive elements of the time: reintroduction of the loggias and the volume of the lobby as well as the restoration of the interior garden. The original project's intent for verticality is recovered through the new project's elongated vertical volumes and in the towering thinness of the panoramic elevators tower. The façade recuperates the primary lines and window pattern of the original midcentury landmark of Casablanca and casts them into cutting-edge UHPC concrete panels.

Obwohl der Abriss des Gebäudes von 1952 unvermeidlich war, wurde beschlossen, die Fassade originalgetreu wieder aufzubauen und die charakteristischen Elemente der damaligen Zeit wieder aufleben zu lassen: Wiedereinführung der Loggien und Größe der Eingangshalle. Die Vertikalität des ursprünglichen Projekts wird durch die langgestreckten vertikalen Volumen des neuen Projekts und durch die hoch aufragende Schlankheit des Panoramaturms der Aufzüge wiederhergestellt. Die Fassade greift die primären Linien und das Fenstermuster des ursprünglichen Wahrzeichens von Casablanca aus der Mitte des Jahrhunderts wieder auf und gießt sie in hochmoderne UHPC-Betonplatten.

Même si la démolition du bâtiment de 1952 était inévitable, il fut décidé de reconstruire la façade à l'identique de l'original et de faire revivre les éléments distinctifs de l'époque : réintroduction des loggias et du volume du lobby ainsi que la restauration du jardin intérieur. L'intention de verticalité du projet original est exprimée par les volumes verticaux allongés du nouveau projet et par la minceur imposante de la tour des ascenseurs panoramiques. La façade récupère les lignes primaires et le motif des fenêtres du bâtiment original, emblématique des années 50 à Casablanca, et les transforme en panneaux de béton BFUP de pointe.

Aunque la demolición del edificio de 1952 fue inevitable, se decidió reconstruir la fachada idéntica a la original y revivir los elementos distintivos de la época: con la reintroducción de las logias y el volumen del vestíbulo, así como la restauración del jardín interior. La intención de verticalidad del proyecto original se recupera a través de los volúmenes verticales alargados del nuevo proyecto y en la imponente esbeltez de la torre de los ascensores panorámicos. La fachada recupera las líneas primarias y el motivo de las ventanas del edificio original, emblemático de Casablanca de mediados de siglo, proyectándolas en paneles de hormigón UHPC de vanguardia.

The 42.000 m² project stands 23 stories above the Ave FAR, one of the most animated streets of this vibrant city. With the Sofitel and the Casa Port train station, it completes the set of recent buildings as part of the city's renaissance and its renewal of the historic Art Deco district.

Das 42.000 m² große Projekt erhebt sich mit 23 Stockwerken über der Ave FAR, einer der belebtesten Straßen dieser pulsierenden Stadt. Zusammen mit dem Sofitel und dem Bahnhof Casa Port vervollständigt es die Reihe der jüngsten Gebäude im Rahmen der Renaissance der Stadt und der Erneuerung des historischen Art-déco-Viertels.

Le projet de 42 000 m² s'élève sur 23 étages au-dessus de l'avenue FAR, l'une des rues les plus animées de cette ville vibrante. Avec le Sofitel et la gare Casa Port, il complète l'ensemble des bâtiments récents faisant partie de la renaissance de la ville et du renouvellement de son quartier historique Art Déco.

El proyecto de 42.000 m² se encuentra 23 pisos por encima de la avenida de las FAR, una de las calles más animadas de esta vibrante ciudad. Con el Sofitel y la estación de tren de Casa Port, completa un conjunto de edificios recientes como parte del renacimiento de la ciudad y la renovación de este histórico barrio Art Deco.

Inspired from a strong heritage with a look to the future to regain an undisputed influence in Casablanca, the Royal Mansour Casablanca comprises 149 rooms, suites, private apartments, and signature suites, from the 45m² standard rooms to the 1.000m² triplex, all enhancing the charm of midcentury design.

Inspiriert von einem starken Erbe mit einem Blick in die Zukunft, um wieder einen unbestrittenen Einfluss in Casablanca zu erlangen, umfasst das Royal Mansour Casablanca 149 Zimmer, Suiten, Privatwohnungen und Signature-Suiten, von den 45 m² großen Standardzimmern bis zu den 1.000 m² großen Triplex-Zimmern, die alle den Charme des Midcentury-Designs unterstreichen.

Inspiré d'un héritage fort et tourné vers l'avenir pour retrouver un rayonnement incontesté à Casablanca, le Royal Mansour Casablanca comprend 149 chambres, suites, appartements privés et suites signature, de la chambre standard de 45 m² au triplex de 1 000 m², mettant en valeur le charme de l'atmosphère du design des années 50.

Inspirado en el fuerte patrimonio y con una mirada hacia el futuro para recuperar la influencia indiscutible de Casablanca, el Royal Mansour Casablanca consta de 149 habitaciones, suites, apartamentos privados y suites exclusivas, con habitaciones estándar de 45 m² hasta un triplex de 1.000 m², poniendo de relieve la atmosfera y el encanto del diseño de mediados de siglo.

ROYAL MANSOUR HOTEL CASABLANCA // 209

Various emblematic elements of the original hotel have been recovered and reimagined such as the majestic lobby which opens to a central courtyard-garden. The large 3-story curtainwall of the new Lobby frames the exquisite open-air courtyard-garden with its gurgling water basins and delicate latticelike claustra in bronze. The use of bronze for all the window framing and metalwork provides an elegance and assures the same thinness of the original steel carpentry.

Verschiedene emblematische Elemente des ursprünglichen Hotels wurden wiederhergestellt und neugestaltet, wie z. B. die majestätische Lobby, die sich zu einem zentralen Innenhof-Garten öffnet. Die große dreistöckige Vorhangfassade der neuen Lobby umrahmt den exquisiten Hofgarten im Freien mit seinen sprudelnden Wasserbecken und der filigranen, gitterartigen Claustra aus Bronze. Die Verwendung von Bronze für alle Fensterumrahmungen und Metallarbeiten verleiht dem Gebäude Eleganz und gewährleistet die gleiche Dünnwandigkeit wie die ursprüngliche Stahlkonstruktion.

Différents éléments emblématiques de l'hôtel d'origine ont été récupérés et réimaginés comme le lobby majestueux qui s'ouvre sur une cour-jardin centrale. Le grand mur-rideau de trois étages du nouveau lobby encadre l'exquise cour-jardin en plein air avec ses bassins d'eau frémissants et ses délicats claustras en bronze en forme de treillis. L'utilisation du bronze pour tous les encadrements de fenêtres et la ferronnerie apporte une élégance et assure la même finesse de la menuiserie en acier d'origine.

Varios elementos emblemáticos del hotel original han sido recuperados y re imaginados, como el majestuoso vestíbulo que se abre a un patio-jardín central. El gran muro cortina de 12 metros de altura del nuevo vestíbulo enmarca el exquisito patio-jardín al aire libre, con sus estanques de agua gorgoteantes y su delicada celosía en bronce. El uso de bronce en todas las carpinterías proporciona elegancia y asegura la misma delgadez que la carpintería de acero original.

The 5-star hotel palace's 4 restaurants, of which the Brasserie is headed by a 3 Michelin star chef, private garden, 4400 m² of event spaces and ballroom, 2500 m² of wellness areas with spa and indoor pool, make it the undisputed finest luxury property in the city.

Die vier Restaurants des 5-Sterne-Hotelpalastes, darunter die Brasserie, die von einem 3-Michelin-Sterne-Koch geleitet wird, der private Garten, die 4400 m² Veranstaltungsräume und der Ballsaal sowie die 2500 m² großen Wellnessbereiche mit Spa und Hallenbad machen das Hotel zum unbestritten feinsten Luxusobjekt der Stadt.

Les 4 restaurants de l'hôtel palace 5 étoiles, dont la Brasserie dirigée par un chef 3 étoiles Michelin, son jardin privé, ses espaces événementiels et ballroom, ses 2500 m² d'espaces bien-être avec spa et piscine intérieure, en font incontestablement la plus belle propriété de luxe de la ville.

Los 4 restaurantes del hotel palace de 5 estrellas, con la brasserie dirigida por un chef de 3 estrellas Michelin, su jardín privado, 4400m² de espacios para eventos con un salón de baile, 2500 m² de áreas de bienestar con spa y piscina cubierta, lo convierten en la más bella e indiscutible propiedad de lujo de la ciudad.

ROYAL MANSOUR HOTEL CASABLANCA // 219

LE MARCHÉ DAR ESSALAM

> Rabat - Morocco
> 22.500 m²
> Architecture and interior design
> Commercial space, equipment center

Renders © Christophe Siredey

Following in the footsteps of traditional covered markets, which feature a large, unifying hall, the project features an elegant metal framework topped by a green glazed tile roof that floats delicately over the orchard, and culminates in an esplanade of restaurants overlooking the park.

Dem Erbe der traditionellen Markthallen folgend, die sich durch eine große, verbindende Halle auszeichnen, entfaltet das Projekt eine elegante Stahlkonstruktion mit einem Dach aus grün glasierten Ziegeln, das sanft über dem Obstgarten schwebt und in einer Esplanade mit Restaurants endet, die auf den Park blickt.

Suivant l'héritage des marchés couverts traditionnels qui se distinguent par une grande halle unificatrice, le projet déploie une élégante charpente métallique surmontée d'une toiture en tuiles vernissées vertes, qui flotte délicatement sur le verger, et aboutie sur une esplanade de restaurants donnant sur le parc.

Siguiendo los pasos de los mercados cubiertos tradicionales, que cuentan con un gran vestíbulo unificador, el proyecto presenta una elegante estructura metálica rematada por un tejado de tejas vidriadas verdes que flota delicadamente sobre el jardín y culmina en una explanada de restaurantes con vistas al parque.

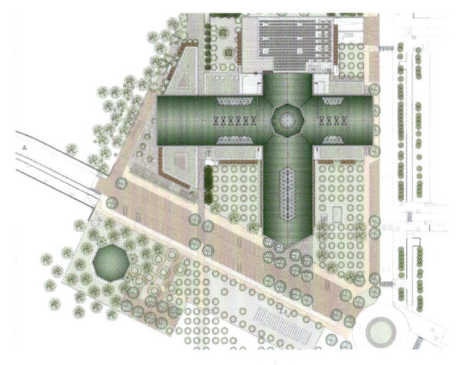

LE MARCHÉ DAR ESSALAM

TOUR DE L'ENTENTE ABIDJAN

> Abidjan, Ivory Coast
> 35.000 m²
> Architecture
> Offices and commercial spaces

Renders © Christophe Siredey

The ideas of peace and solidarity that the Council defends have given rise to a simple and essential architectural form: the ground plan is circular, as a symbol of meeting and dialogue, and its façade opens in two, as a symbol of joined hands, a universal sign of peace, agreement and respect.

Die Ideen des Friedens und der Solidarität, die der Rat vertritt, haben zu einer einfachen und wesentlichen architektonischen Form geführt: Der Grundriss ist kreisförmig, als Symbol der Begegnung und des Dialogs, und die Fassade öffnet sich in zwei Teile, als Symbol zweier zusammengelegter Hände, ein universelles Zeichen des Friedens, der Übereinstimmung und des Respekts.

Suivant l'héritage des marchés couverts traditionnels qui se distinguent par une grande halle unificatrice, le projet déploie une élégante charpente métallique surmontée d'une toiture en tuiles vernissées vertes, qui flotte délicatement sur le verger et aboutit sur une esplanade de restaurants donnant sur le parc.

Las ideas de paz y solidaridad que el Consejo defiende, han dado lugar a una forma arquitectónica simple y esencial: la planta es circular, como símbolo de reunión y diálogo y su fachada se abre en dos, como símbolo de dos manos unidas, signo universal de paz, acuerdo y respeto.

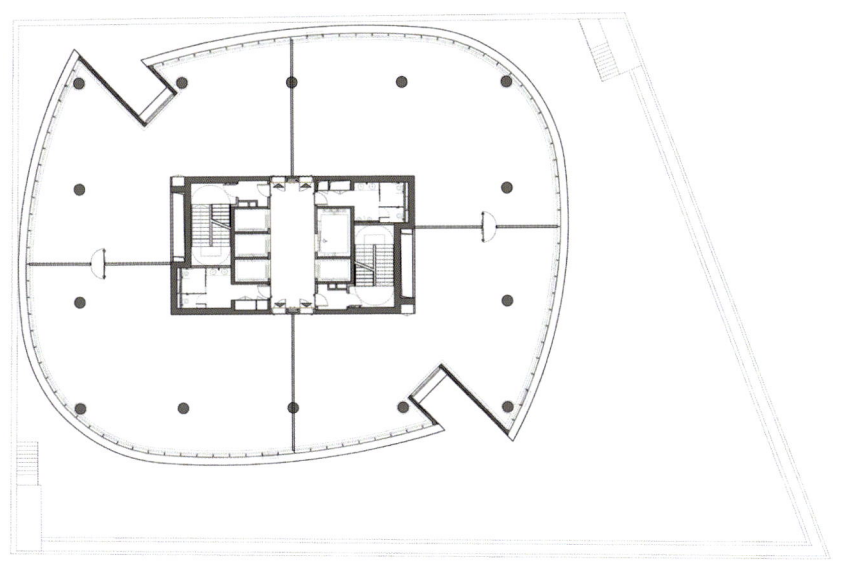
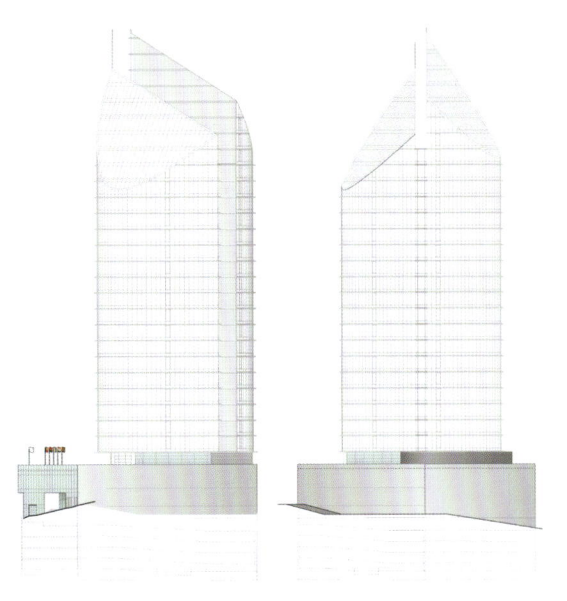

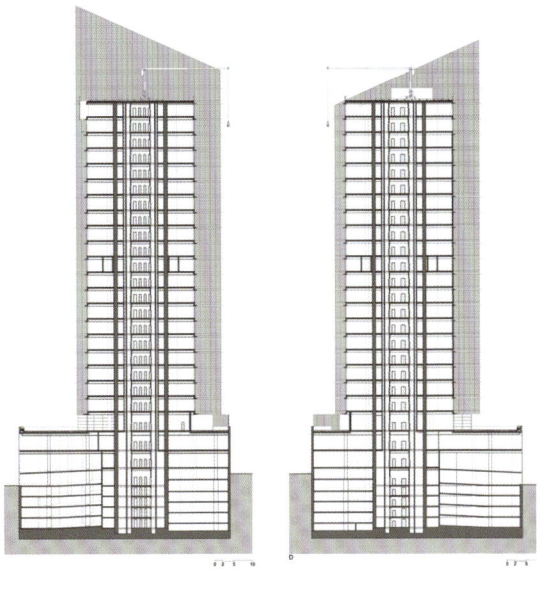

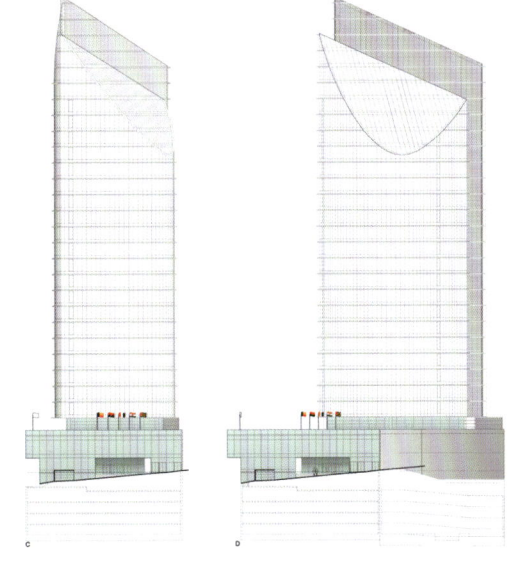

TOUR DE L'ENTENTE ABIDJAN // 223

CASA BEGUR

> Girona, Spain
> 480 m²
> Architecture and interior design
> Residence

Renders © Christophe Siredey

In a game of clear contrast, this house has been conceived as a very luminous and light emanation of a plot with a very pronounced tectonicity, to open up to this exceptional panorama. The two light horizontal bodies of which it is composed are fully integrated into the surroundings.

In einem Spiel aus klaren Kontrasten wurde dieses Haus als eine sehr helle und leichte Ausstrahlung eines Grundstücks mit einer sehr ausgeprägten Tektonik konzipiert, um sich diesem außergewöhnlichen Panorama zu öffnen. Die beiden leichten horizontalen Körper, aus denen es besteht, sind vollständig in die Umgebung integriert.

Dans un jeu de contraste évident, cette maison a été conçue comme une émanation très lumineuse et légère d'un terrain à la tectonique très prononcée, pour s'ouvrir sur ce panorama exceptionnel. Les deux corps horizontaux légers qui la composent s'intègrent parfaitement à l'environnement.

En un juego de claro contraste, se ha concebido esta vivienda como una emanación muy luminosa y ligera de una parcela con tectonicidad muy pronunciada, para abrirse a este panorama excepcional. Los dos ligeros cuerpos horizontales que la componen, quedan totalmente integrados en el entorno.

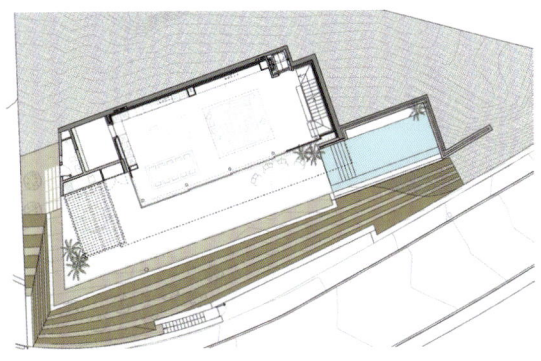
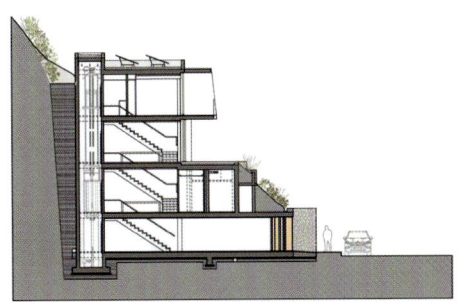
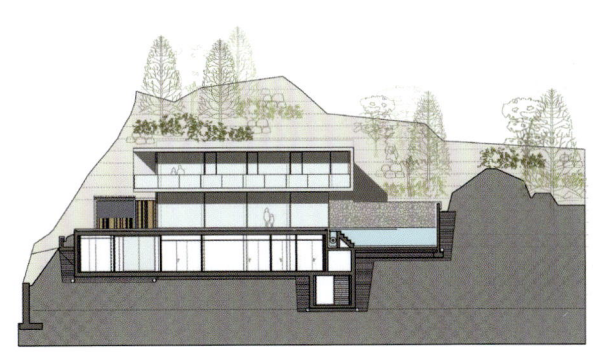

CASA BEGUR // 225

TRIPOLI FINANCIAL CITY

> Tripoli, Libya
> 330.000 m² built on a 140.000 m² site
> Urbanism, architecture and interior design
> Residential, office, hotel, retail, leisure, parking

Renders © Christophe Siredey

The 9 towers are located on a podium where the commercial spaces are located and are distributed around a large plaza on the eastern half of the project. The towers rise in a harmonious sequence from the lowest at R+20 to the highest at R+40. The residential part comprises the western half of the project, located on a long avenue that runs the entire length of the site from the public boulevard to an esplanade overlooking the beach.

Die 9 Türme befinden sich auf einem Podium, auf dem sich die Geschäftsräume befinden, und sind um einen großen Platz in der östlichen Hälfte des Projekts verteilt. Die Türme erheben sich in einer harmonischen Abfolge vom niedrigsten mit R+20 bis zum höchsten mit R+40. Der Wohnteil umfasst die westliche Hälfte des Projekts und liegt an einer langen Allee, die sich vom öffentlichen Boulevard bis zu einer Esplanade mit Blick auf den Strand erstreckt.

Les 9 tours sont situées sur un podium où se trouvent les espaces commerciaux et sont distribuées autour d'une grande place sur la moitié est du projet. Les tours s'élèvent dans une séquence harmonieuse, de la plus basse à R+20 à la plus haute à R+40. La partie résidentielle comprend la moitié ouest du projet, située sur une longue avenue qui traverse le site depuis le boulevard public jusqu'à une esplanade surplombant la plage.

Las 9 torres se sitúan en un podio donde se ubican los espacios comerciales y de distribuyen rodeando una gran plaza sobre la mitad oriental del proyecto. Las torres se elevan en una secuencia armónica desde la más baja en R+20 hasta la más alta en R+40. La parte residencial comprende la mitad occidental del proyecto, ubicada sobre una larga avenida que recorre toda la longitud del terreno desde el bulevar público hasta una explanada con vista a la playa.

TRIPOLI FINANCIAL CITY

TOUR BSIC

> **Ivory Coast, Abidjan**
> **30.000 m²**
> **Architecture**
> **Residences and common areas**

Renders © Christophe Siredey

Architectural design of the new administrative headquarters of the BSIC company in Abidjan. It is a glass tower with a play of facets that make it dynamic.

Neben Architektur bringen die Designer des Studios eine Vielfalt an kulturellen und gemeindlichen Interessen mit ein, was ihre Arbeit bereichert und ihnen ermöglicht, aufregende Perspektiven einzubeziehen.

Conception architecturale du nouveau siège administratif de la société BSIC à Abidjan. Il s'agit d'une tour de verre avec un jeu de facettes qui la rend dynamique.

Proyecto de arquitectura de la nueva sede administrativa de la empresa BSIC en Abidjan. Se trata de una torre acristalada con juegos de facetas que la dinamizan.

The project proposes to make this hotel a gateway to the city of Rabat. A physical door given to its location at the foot of the walls, with its large entrance arch which is the distinctive sign of the current hotel. Also, a symbolic door which opens towards a New World, more contemporary, more transparent, more luminous.

Das Projekt sieht vor, dieses Hotel zu einem Tor zur Stadt Rabat zu machen. Ein physisches Tor aufgrund seiner Lage am Fuße der Stadtmauern, mit seinem großen Eingangsbogen, der das unverwechselbare Symbol des derzeitigen Hotels ist. Es ist auch ein symbolisches Tor, das sich zu einer neuen Welt öffnet, die moderner, transparenter und heller ist.

Le projet propose de faire de cet hôtel une porte de la ville de Rabat. Une porte physique par son emplacement au pied des murailles, avec sa grande arche d'entrée qui est le signe distinctif de l'hôtel actuel. Une porte symbolique aussi qui ouvre vers un Nouveau Monde, plus contemporain, plus transparent, plus lumineux.

El proyecto propone hacer de este hotel una puerta de entrada a la ciudad de Rabat. Una puerta física por su ubicación a pie de murallas, con su gran arco de entrada que es el símbolo distintivo del actual hotel. Una puerta simbólica también que se abre hacia un Mundo Nuevo, más contemporáneo, más transparente, más luminoso.

HOTEL BARCELÓ RABAT

> Rabat, Morocco
> 12.850 m² + 1.490 m² exterior spaces
> Rehabilitation: Architecture and Interior Design
> 5-star hotel, 216 room
> 2024

Renders © Christophe Siredey

CLUB MED OPIO

> Provence, France
> 5.000 m²
> Architecture
> 5-star hotel, 30 suites

Renders © Christophe Siredey

Project for the new 5 tridents space of the Club Med located in a golf club in Provence, France. It consists of designing a new building to house the 30 luxury suites as well as a Spa. A construction of modern and elegant lines is proposed, using local materials and in accordance with the vernacular architecture.

Projekt für die neuen 5 Tridents des Club Med in einem Golfclub in der Provence, Frankreich. Es handelt sich um den Entwurf eines neuen Gebäudes, in dem 30 Luxussuiten und ein Spa untergebracht werden sollen. Vorgeschlagen wird eine Konstruktion mit modernen und eleganten Linien unter Verwendung lokaler Materialien und in Übereinstimmung mit der landestypischen Architektur.

Projet pour le nouvel espace 5 tridents du Club Med situé dans un club de golf en Provence, France. Il s'agit de concevoir un nouveau bâtiment pour abriter les 30 suites de luxe ainsi qu'un spa. Une construction aux lignes modernes et élégantes est proposée, utilisant des matériaux locaux et en accord avec l'architecture vernaculaire.

Proyecto del nuevo espacio 5 tridentes del Club Med ubicado en un club de golf de la Provenza francesa. Consiste en diseñar un nuevo edificio para albergar las 30 suites de lujo así como un spa. Se propone una construcción de líneas modernas y elegantes, utilizando los materiales locales y acorde con la arquitectura vernacular.

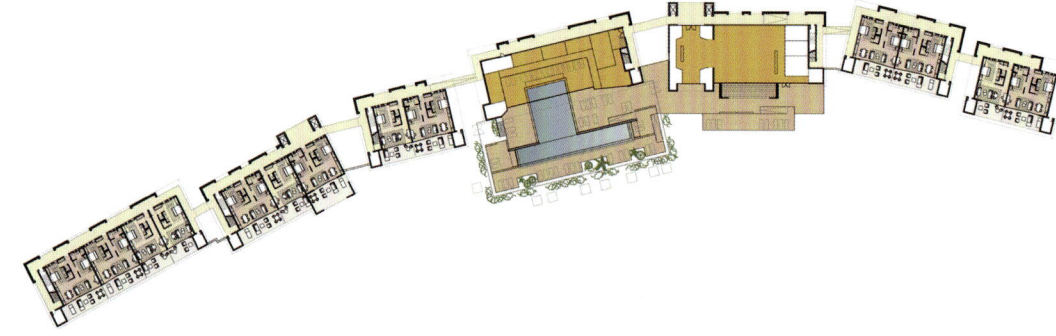

Luxurious hotel with extraordinary views over the mountains. It has a congress area and a Spa with Thalassotherapy as well as a restaurant and a large covered wooden terrace which will be open all year round as in winter, the outdoor fireplaces will allow its use.

Luxuriöses Hotel mit außergewöhnlichem Blick auf die Berge. Es verfügt über einen Kongressbereich und ein Spa mit Thalassotherapie sowie ein Restaurant und eine große überdachte Holzterrasse, die das ganze Jahr über geöffnet sein wird, da im Winter die Kamine im Freien genutzt werden können.

Hôtel de luxe avec une vue extraordinaire sur les montagnes. Il dispose d'un espace congrès et d'un spa avec thalassothérapie ainsi que d'un restaurant et d'une grande terrasse couverte en bois qui sera ouverte toute l'année et en hiver, les cheminées extérieures permettront de l'utiliser.

Lujoso hotel con extraordinarias vistas sobre las montañas. Cuenta con un área de congresos y un spa con Talasoterapia además de un restaurante y una gran terraza de madera cubierta que funcionará todo el año ya que en invierno, las chimeneas exteriores permitirán su uso.

HOTEL SPA BOLQUÈRE

> Bolquère, France
> 6.000 m²
> Architecture and interior design
> 5-star hotel // 44 rooms
> Commercial and Wellness center

Renders © Christophe Siredey

D'O NAMUR HOTEL

> Namur, Belgium
> 2.000 m²
> Architecture and interior design
> Floating 5-star hotel and gastronomic restaurant

Renders © Christophe Siredey

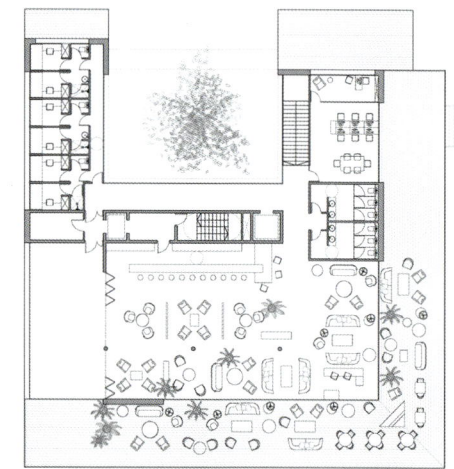

Floating hotel with a gastronomic restaurant and a research laboratory on alternative food production systems. It has been designed to be self-sufficient, and it is foreseen that locally produced products will be consumed in the restaurants.

Schwimmendes Hotel mit einem gastronomischen Restaurant und einem Forschungslabor für alternative Lebensmittelproduktionssysteme. Es ist als Selbstversorger konzipiert, und es ist vorgesehen, dass in den Restaurants lokal erzeugte Produkte verzehrt werden.

Hôtel flottant doté d'un restaurant gastronomique et d'un laboratoire de recherche sur les systèmes de production alimentaire alternatifs. Il a été conçu pour être autosuffisant et il est prévu que des produits locaux soient consommés dans les restaurants.

Hotel flotante con un restaurante gastronómico y un laboratorio de investigación sobre sistemas alternativos de producción de alimentos. Ha sido diseñado para ser auto-suficiente, y está previsto que los productos producidos localmente sean consumidos en los restaurantes.

The project reinterprets, in a contemporary way, the five main archetypes of Saharan architecture: the oasis, the ksar, the troglodyte habitat, the ghorfa and the Bedouin tent. It maintains the best of tradition with the best of modernity in an exercise of integration of polarities.

Das Projekt interpretiert auf zeitgemäße Weise die fünf wichtigsten Archetypen der Sahara-Architektur neu: die Oase, den Ksar, die Troglodytenbehausung, die Ghorfa und das Beduinenzelt. Das Hotel vereint das Beste aus Tradition und Moderne in einer Übung der Integration von Gegensätzen.

Le projet réinterprète de manière contemporaine les cinq principaux archétypes de l'architecture saharienne : l'oasis, le ksar, l'habitat troglodytique, la ghorfa et la tente bédouine. Il allie le meilleur de la tradition au meilleur de la modernité dans un exercice d'intégration des polarités.

El proyecto reinterpreta, de forma contemporánea los cinco principales arquetipos de la arquitectura sahariana: el oasis, el ksar, el hábitat troglodita, la ghorfa y la tienda beduina. Mantiene lo mejor de la tradición con lo mejor de la modernidad en un ejercicio de integración de polaridades.

HOTEL CLUB MED CHBIKA

> Oued Chbika, Morocco
> 41.200 m²
> Architecture and interior design
> 4-star hotel // 330 rooms

Renders © Christophe Siredey

CAP TINGIS RESIDENTIAL

> Tanger, Morocco
> 37.000 m²
> Architecture
> Residences and common areas

Renders © Christophe Siredey
Watercolors © Bruno Conigliano

Architectural project for a residential complex in Tangier with spectacular views consisting of several articulated low-rise buildings integrated into nature and landscaped roofs, located on different staggered plots connected by paths and terraces with shops and a beach club with swimming pool.

Architektonisches Projekt für einen Wohnkomplex in Tanger mit spektakulärer Aussicht, bestehend aus mehreren niedrigen, in die Natur und die begrünten Dächer integrierten Gebäuden, die sich auf mehreren gestaffelten, durch Wege und Terrassen verbundenen Grundstücken befinden, mit Geschäften und einem Beach Club mit Schwimmbad.

Projet architectural pour un complexe résidentiel à Tanger avec des vues spectaculaires, composé de plusieurs bâtiments bas articulés intégrés dans la nature et des toits paysagers, situés sur plusieurs parcelles en quinconce reliées par des chemins et des terrasses avec des magasins et un club de plage avec piscine.

Proyecto de arquitectura de un conjunto residencial en Tanger con vistas espectaculares formado por varios edificios bajos articulados e integrados en la naturaleza y cubiertas ajardinadas, ubicado en varias parcelas escalonadas y comunicadas por medio de caminos y terrazas con comercios y un beach club con piscina.

CAP TINGIS HOTEL

> Tanger, Morocco
> 58.000 m²
> Architecture
> 5-star hotel // 250 rooms, and 140 luxury apartments

Renders © Christophe Siredey

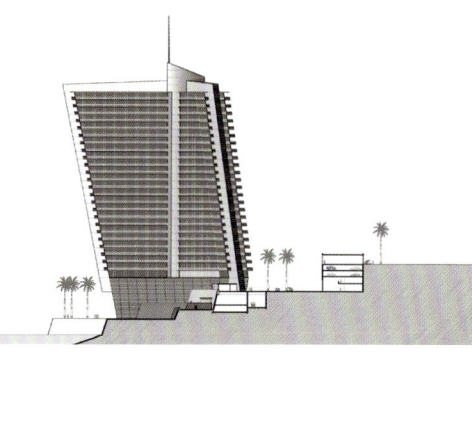

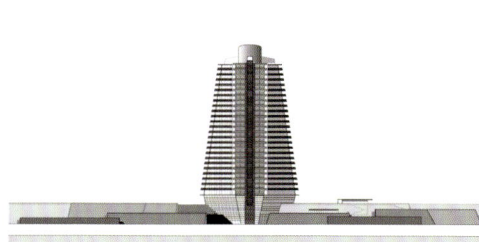

The concept arises from several elements: the location of the tower between two continents with a strong history, its geometric and symbolic form in tension and in movement as a plastic approach to the intense light of Tangier and, finally, its functional rationality that makes the whole simple, coherent and effective.

Das Konzept ergibt sich aus mehreren Elementen: der Lage des Turms zwischen zwei geschichtsträchtigen Kontinenten, seiner geometrischen und symbolischen Form in Spannung und Bewegung als plastische Annäherung an das intensive Licht von Tanger und schließlich seiner funktionalen Rationalität, die das Ganze einfach, kohärent und effizient macht.

Le concept naît de plusieurs éléments : la situation de la tour entre deux continents à l'histoire forte, sa forme géométrique et symbolique en tension et en mouvement comme une approche plastique de la lumière intense de Tanger et, enfin, sa rationalité fonctionnelle qui rend l'ensemble simple, cohérent et efficace.

El concepto surge a partir de varios elementos: la ubicación de la torre entre dos continentes con una fuerte historia, su forma geométrica y simbólica en tensión y en movimiento como un acercamiento plástico a la intensa luz de Tánger y, finalmente, su racionalidad funcional que hace que el conjunto sea simple, coherente y eficaz.

RADISSON ABIDJAN HOTEL

> **Abidjan, Ivory Coast**
> **15.500 m²**
> **Architecture**
> **5-star hotel // 137 suites**

Renders © Christophe Siredey

Architecture and interior design project for a 5* Radisson hotel with 137 suites in a modern 20-storey tower with restaurant, Sky bar, Spa and a congress centre with a large hall that can be divided into several meeting rooms.

Architektur- und Innenarchitekturprojekt für ein 5-Sterne-Radisson-Hotel mit 137 Suiten in einem modernen 20-stöckigen Turm mit Restaurant, Sky-Bar, Spa und einem Kongresszentrum mit einem großen Saal, der in mehrere Tagungsräume unterteilt werden kann.

Projet d'architecture et de design intérieur pour un hôtel Radisson 5* avec 137 suites dans une tour moderne de 20 étages avec restaurant, sky bar, spa et un centre de congrès avec un grand hall qui peut être divisé en plusieurs salles de réunion.

Proyecto de arquitectura e interiorismo para un hotel Radisson 5* de 137 suites en una moderna torre de 20 plantas con restaurante, Sky bar, Spa y un centro de congresos con una gran sala divisible en varias salas de reunión.

Holiday club in Saint Omer on the banks of a river, designed in horizontal wooden slats and large windows, fully integrated in nature and composed of 22 chalets on two levels and a main reception building with a reception, a restaurant, a cafeteria and a congress centre.

Ferienclub in Saint Omer am Ufer eines Flusses, gestaltet mit horizontalen Holzlatten und großen Fenstern, vollständig in die Natur integriert und bestehend aus 22 Chalets auf zwei Ebenen und einem Hauptgebäude mit Rezeption, Restaurant, Cafeteria und Kongresszentrum.

Club de vacances à Saint Omer au bord d'une rivière, conçu avec des lattes de bois horizontales et de grandes fenêtres, entièrement intégré dans la nature et composé de 22 chalets sur deux niveaux et d'un bâtiment principal avec une réception, un restaurant, une cafétéria et un centre de congrès.

Club de vacaciones en Saint Omer a orillas de un río, diseñado en lamas de madera horizontales y grandes ventanales, totalmente integrado en la naturaleza y compuesto por 22 chalets de dos niveles y un edificio principal de acogida con la recepción, un restaurante, una cafetería y un centro de congresos.

MAISON GERSDORFF

> Saint-Omer, France
> 3.200 m²
> Architecture and interior design
> Vacation club, 22 chalets

Renders © Christophe Siredey

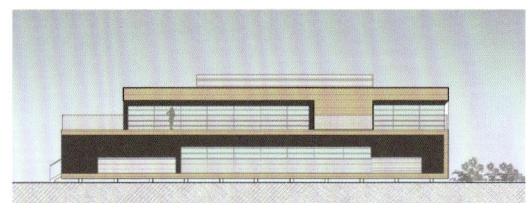
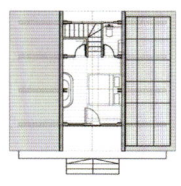

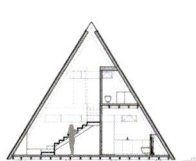

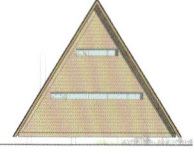

CLUB MED KEMER HOTEL

> Kemer, Turkey
> 36.000 m²
> Rehabilitation - Architecture
> 5-star hotel, 350 rooms

Renders © Christophe Siredey

The project reinterprets some archetypes of this Mediterranean region: the stone houses, the Turkish schooners and the tree houses of Olympus, maintaining the best of tradition with the best of modernity in an exercise of integration of polarities.

Das Projekt interpretiert einige Archetypen dieser Mittelmeerregion neu: die Steinhäuser, die türkischen Schoner und die Baumhäuser des Olymps, wobei das Beste der Tradition mit dem Besten der Moderne in einer Übung der Integration der Polaritäten verbunden wird.

Le projet réinterprète certains archétypes de cette région méditerranéenne : les maisons en pierre, les goélettes turques et les cabanes dans les arbres de l'Olympe, en conservant le meilleur de la tradition avec le meilleur de la modernité dans un exercice d'intégration des polarités.

El proyecto reinterpreta algunos arquetipos de esta región del Mediterráneo: las casas de piedra, las goletas turcas y las casas en los árboles del Olimpo, manteniendo lo mejor de la tradición con lo mejor de la modernidad en un ejercicio de integración de polaridades.

A project for two hotels in a natural area adjacent to the beach, with an articulated design consisting of two low curved bodies linked by a highly transparent rectangular block. Surrounded by vegetation and stepped gardens with natural stone walls.

Ein Projekt für zwei Hotels in einem an den Strand angrenzenden Naturgebiet mit einem gegliederten Entwurf, der aus zwei niedrigen gebogenen Körpern besteht, die durch einen hochtransparenten rechteckigen Block verbunden sind. Umgeben von Vegetation und stufenförmigen Gärten mit Natursteinmauern.

Un projet pour deux hôtels dans une zone naturelle adjacente à la plage, avec un design articulé composé de deux corps courbes bas reliés par un bloc rectangulaire très transparent. Entourés de végétation et de jardins en gradins avec des murs en pierre naturelle.

Proyecto de dos hoteles en una zona natural adyacente a la playa, con un diseño articulado formado por dos cuerpos bajos curvos unidos por medio de un bloque rectangular muy transparente. Rodeado de vegetación y de jardines escalonados con muros de piedra natural.

NOVOTEL AND IBIS TANGER

> Tanger, Morocco
> 13.700 m²
> Architecture and interior design
> 3-star and 4-star hotels

Renders © Christophe Siredey

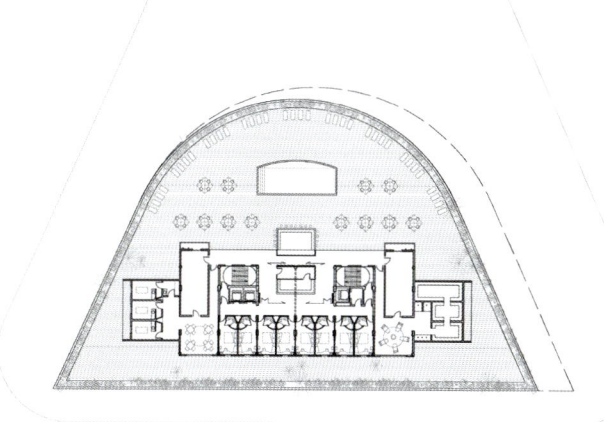

PORT LIXUS HOTEL

> Larache, Morocco
> 14.000 m²
> Architecture and interior design
> 5-star hotel, 150 rooms, and chalets

Renders © Christophe Siredey

The complex is made up of bodies of different heights, giving it a volumetric dynamic. The Spa is integrated independently. On the seafront, the Spa takes full advantage of the views. The Villas Suites also face the sea and have a private garden at the back.

Der Komplex besteht aus unterschiedlich hohen Körpern, die ihm eine volumetrische Dynamik verleihen. Das Spa ist eigenständig integriert. An der Strandpromenade gelegen, nutzt das Spa die Aussicht voll aus. Die Villen-Suiten sind ebenfalls zum Meer hin ausgerichtet und verfügen über einen privaten Garten auf der Rückseite.

Le complexe est composé de corps de différentes hauteurs, ce qui lui confère une dynamique volumétrique. Le Spa est intégré de manière indépendante. En bord de mer, le Spa profite pleinement de la vue. Les Villas Suites sont également tournées vers la mer et disposent d'un jardin privé à l'arrière.

El conjunto está formado por cuerpos de diferentes alturas otorgando una dinámica volumétrica. El Balneario se integra de forma independiente. En primera línea de mar, el Spa aprovecha al máximo las vistas. Las Villas Suites también se orientan hacia el mar y cuentan con un jardín privado en la parte trasera.

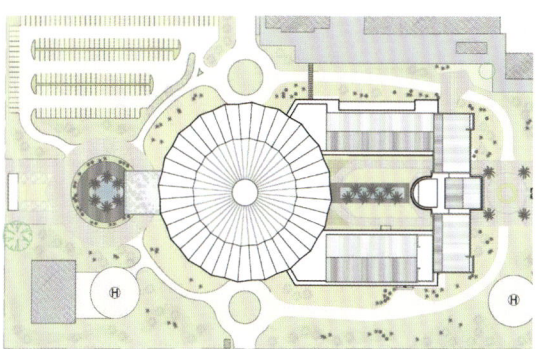
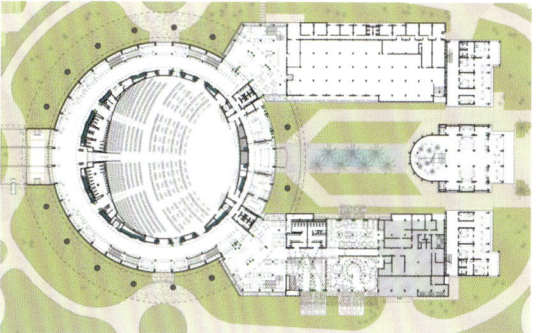

CONAKRY PALACE OF NATIONS

> Conakry, Republic of Guinea
> 20.000 m²
> Rehabilitation - Architecture and interior design
> Congress palace

Renders © Christophe Siredey

Project for a Palais des Nations in Guinea consisting of a circular body covered by an articulated angular structure housing the plenary hall and two rectangular auxiliary bodies with restaurants, toilets and services. The facades refer to branch latticework and the balconies have wooden lattices.

Projekt für einen Palast der Nationen in Guinea, bestehend aus einem kreisförmigen Körper, der von einer gegliederten, winkelförmigen Struktur überdeckt wird, in der der Plenarsaal untergebracht ist, und zwei rechteckigen Nebenkörpern mit Restaurants, Toiletten und Dienstleistungen. Die Fassaden nehmen Bezug auf Fachwerk und die Balkone sind mit Holzgittern versehen.

Projet de Palais des Nations en Guinée composé d'un corps circulaire couvert par une structure angulaire articulée abritant la salle plénière et deux corps auxiliaires rectangulaires avec restaurants, toilettes et services. Les façades font référence à des treillis de branches et les balcons ont des treillis en bois.

Proyecto de un Palacio de las Naciones en Guinea formado por un cuerpo circular cubierto por una estructura angular articulada albergando la sala plenaria y dos cuerpos auxiliares rectangulares con restaurantes, aseos y servicios. Las fachadas hacen referencia a entramados de ramas y los balcones tienen celosías de madera.

TWIN TOWERS ABIDJAN

> Abidjan, Ivory Coast
> 114.000 m²
> Architecture
> Hotel, apartments, offices, shops, museum, and library

Renders © Christophe Siredey

Project of two 30-storey towers forming the new cultural pole in Abidjan including a museum, a library, a congress centre as well as offices, residences and hotels, surrounded by spectacular stone esplanades with ponds and gardens.

Projekt für zwei 30-stöckige Türme, die den neuen kulturellen Pol in Abidjan bilden und ein Museum, eine Bibliothek, ein Kongresszentrum sowie Büros, Wohnungen und Hotels beherbergen, umgeben von spektakulären Steinpromenaden mit Teichen und Gärten.

Projet de deux tours de 30 étages formant le nouveau pôle culturel d'Abidjan comprenant un musée, une bibliothèque, un centre de congrès ainsi que des bureaux, des résidences et des hôtels, entourés de spectaculaires esplanades en pierre avec des étangs et des jardins.

Proyecto de dos torres de 30 plantas formando el nuevo polo cultural en Abidjan incluyendo un museo, una biblioteca, un centro de congresos además de oficinas, residencias y hoteles, rodeado de espectaculares explanadas pétreas con estanques y jardines.

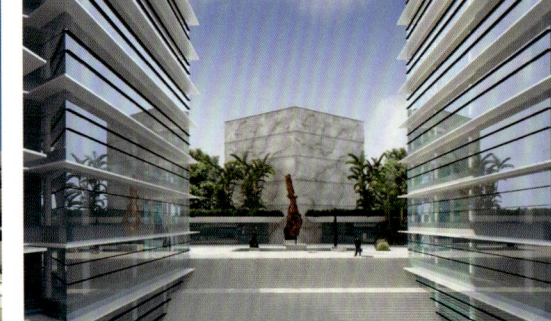

In order to achieve the slenderness of the tower, the geometry of the project is developed by manipulating a square that emerges from the base of a 32-point star. This movement symbolises the evolutionary process of the origin, the earth, the square towards the light, the sky, the circle.

Um die Schlankheit des Turms zu erreichen, wurde die Geometrie des Projekts durch die Manipulation eines Quadrats entwickelt, das aus der Basis eines 32-zackigen Sterns hervorgeht. Diese Bewegung symbolisiert den evolutionären Prozess vom Ursprung, der Erde, dem Quadrat hin zum Licht, dem Himmel, dem Kreis.

Afin d'obtenir l'élancement de la tour, la géométrie du projet est développée en manipulant un carré qui émerge de la base d'une étoile à 32 branches. Ce mouvement symbolise le processus évolutif de l'origine, la terre, le carré vers la lumière, le ciel, le cercle.

Con el fin de lograr la esbeltez de la torre, la geometría del proyecto se desarrolla manipulando un cuadrado surgido a partir de la base de una estrella de 32 puntos. Este movimiento simboliza el proceso evolutivo del origen, la tierra, el cuadrado hacia la luz, el cielo, el círculo.

MARINA TOWER CASABLANCA

> Casablanca, Morocco
> 34.500 m²
> Architecture
> Offices

Renders © Christophe Siredey

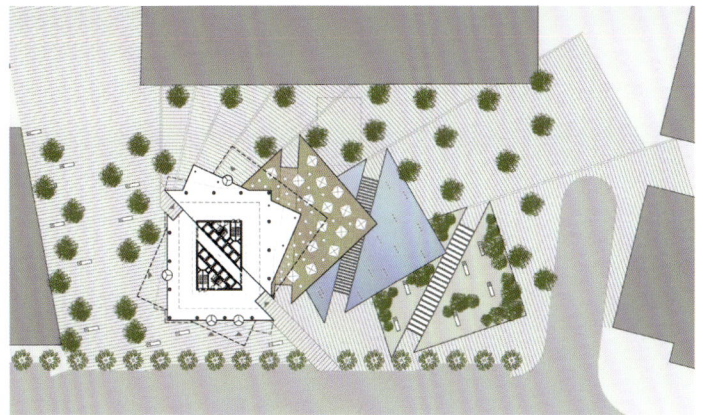
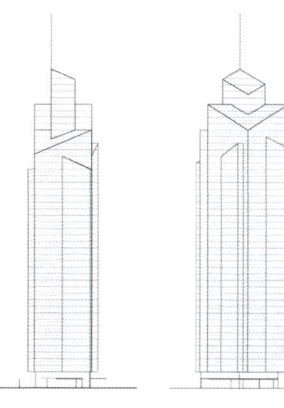

MAS PINELL RESIDENTIAL

> Girona, Spain
> 1.200 m²
> Architecture and interior design
> 21 apartments

Renders © Christophe Siredey

Architectural and interior design project for a three-storey residential building in Torroella de Montgrí with a communal garden and swimming pool for the inhabitants of the flats. The building is white and has areas of the façade clad in wood and an asymmetrical geometry that gives it character and personality.

Architektur- und Innenarchitekturprojekt für ein dreistöckiges Wohngebäude in Torroella de Montgrí mit einem Gemeinschaftsgarten und einem Schwimmbad für die Bewohner der Wohnungen. Das Gebäude ist weiß und hat mit Holz verkleidete Fassadenteile und eine asymmetrische Geometrie, die ihm Charakter und Persönlichkeit verleiht.

Projet d'architecture et de décoration intérieure pour un immeuble résidentiel de trois étages à Torroella de Montgrí, avec un jardin commun et une piscine pour les habitants des appartements. Le bâtiment est blanc, avec des parties de la façade revêtues de bois et une géométrie asymétrique qui lui donne du caractère et de la personnalité.

Proyecto de arquitectura e interiorismo de un edificio de tres niveles de uso residencial en Torroella de Montgrí con jardín y piscina comunitarios para los habitantes de los apartamentos. El edificio es blanco y tiene zonas de la fachada revestidas en madera y una geometría asimétrica que le da carácter y personalidad.

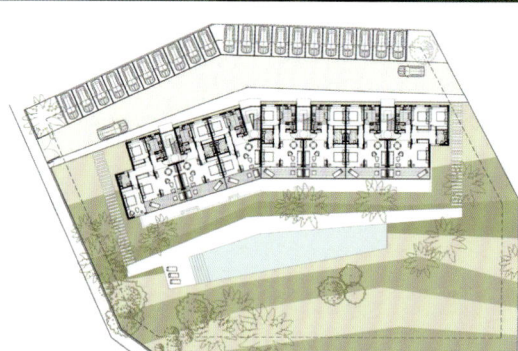

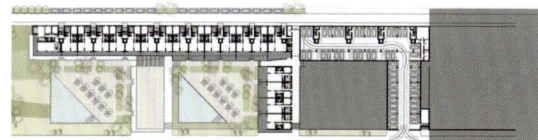
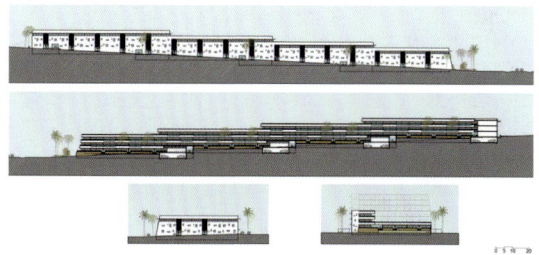

SKIRAT RESIDENTIAL

> Rabat, Morocco
> 18.000 m²
> Architecture and interior design
> 127 apartments

Renders © Christophe Siredey

Residential complex on the coast of Rabat made up of several four-storey buildings staggered on the plot to adapt to the topography, with communal swimming pools and terraces in addition to the private terraces of each flat.

Wohnanlage an der Küste von Rabat, die aus mehreren vierstöckigen Gebäuden besteht, die zur Anpassung an die Topografie auf dem Grundstück gestaffelt sind, mit Gemeinschaftspools und Terrassen zusätzlich zu den privaten Terrassen der einzelnen Wohnungen.

Complexe résidentiel sur la côte de Rabat composé de plusieurs bâtiments de quatre étages disposés en quinconce sur le terrain pour s'adapter à la topographie, avec des piscines et des terrasses communes en plus des terrasses privées de chaque appartement.

Conjunto residencial en la costa de Rabat compuesto por varios edificios de cuatro niveles escalonados en la parcela para adaptarse a la topografía, con piscinas y terrazas comunes además de las privadas de cada apartamento.

RUE DE DAVE NAMUR RESIDENTIAL

> Namur, Belgium
> 12.900 m²
> Architecture and interior design
> Residences and commercial spaces

Renders © Christophe Siredey

Residential complex of flats with underground parking and commercial ground floor located on an L-shaped plot in the city of Namur. The four-storey buildings have undulating facades to the exterior and are linked to the large windows and thin horizontal lines of the interior by white bodies containing the circulations.

Auf einem L-förmigen Grundstück in der Stadt Namur gelegener Wohnkomplex mit Tiefgarage und Gewerbe im Erdgeschoss. Die vierstöckigen Gebäude haben nach außen hin gewellte Fassaden und sind mit den großen Fenstern und den dünnen horizontalen Linien im Inneren durch weiße Körper verbunden, die die Zirkulationen enthalten.

Complexe résidentiel d'appartements avec parking souterrain et rez-de-chaussée commercial situé sur un terrain en forme de L dans la ville de Namur. Les bâtiments de quatre étages ont des façades ondulantes à l'extérieur et sont reliés aux grandes fenêtres et aux fines lignes horizontales de l'intérieur par des corps blancs contenant les circulations.

Conjunto residencial de apartamentos con parking subterráneo y planta baja comercial situados en una parcela con forma de "L" en la ciudad de Namur. Los edificios de cuatro niveles tienen fachadas ondulantes hacia el exterior y quedan unidos a grandes cristaleras y líneas finas horizontales del interior por medio de cuerpos blancos que contienen las circulaciones.

LLAFRANC RESIDENTIAL

> Girona, Spain
> 600 m²
> Architecture and interior design
> Set of 4 residences

Renders © Christophe Siredey
Watercolors © Bruno Conigliano

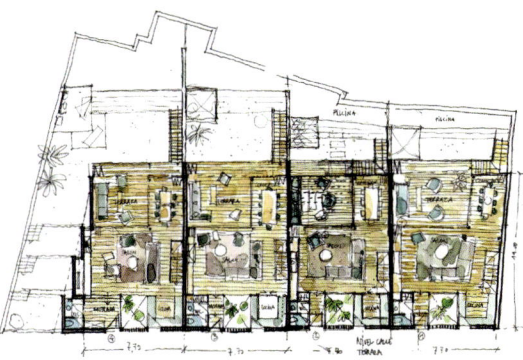

Project for a complex of four luxury two-storey dwellings, each with a terrace and private garden with swimming pool, located in Llafranc, Palafrugell in the Empordà region of Girona.

Projekt für einen Komplex von vier zweistöckigen Luxuswohnungen, jede mit Terrasse und privatem Garten mit Schwimmbad, in Llafranc, Palafrugell in der Region Empordà von Girona.

Projet pour un complexe de quatre logements de luxe de deux étages, chacun avec une terrasse et un jardin privé avec piscine, situé à Llafranc, Palafrugell dans la région de l'Empordà de Girona.

Proyecto de un conjunto de cuatro viviendas de lujo de dos niveles, con terraza y jardín privado con piscina para cada una de ellas, ubicadas en Llafranc, Palafrugell en el Empordà de Girona.

MOHAMMEDIA RESIDENTIAL

> Mohammedia Residential
> Casablanca, Morocco
> 13.000 m²
> Architecture and interior design
> Apartment complex

Renders © Christophe Siredey

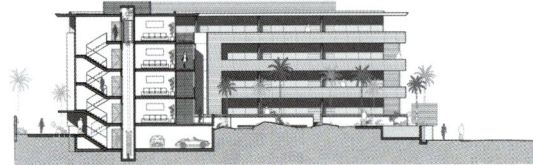
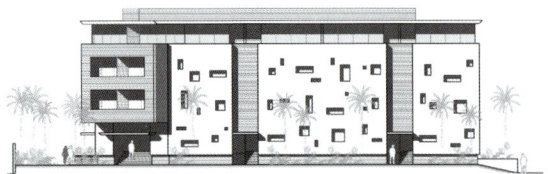

The architectural richness of the project comes both from the dialogue with the landscape and from the integration of the polarity of the façades: one more open, glazed, horizontal and deep, the other more solid, smooth, vertical and articulated.

Der architektonische Reichtum des Projekts ergibt sich sowohl aus dem Dialog mit der Landschaft als auch aus der Integration der Polarität der Fassaden: eine offenere, verglaste, horizontale und tiefe, die andere massivere, glatte, vertikale und gegliederte.

La richesse architecturale du projet provient à la fois du dialogue avec le paysage et de l'intégration de la polarité des façades : l'une plus ouverte, vitrée, horizontale et profonde, l'autre plus solide, lisse, verticale et articulée.

La riqueza arquitectónica del proyecto proviene tanto del diálogo con el paisaje como de la integración de la polaridad de las fachadas: una más abierta, acristalada, horizontal y profunda, la otra más maciza, lisa, vertical y articulada.

The sinuous shape of the hotel and its stepped profile arose from the desire to make the best use of the building surface and to orient all the rooms towards the sea. The project is located in an exceptional natural environment, in a country with a fascinating past and cultural heritage.

Die gewundene Form des Hotels und sein abgestuftes Profil sind aus dem Wunsch entstanden, die Gebäudefläche optimal zu nutzen und alle Zimmer zum Meer hin auszurichten. Das Projekt befindet sich in einer außergewöhnlichen natürlichen Umgebung, in einem Land mit einer spannenden Vergangenheit und einem kulturellen Erbe.

La forme sinueuse de l'hôtel et son profil en escalier sont nés de la volonté d'utiliser au mieux la surface du bâtiment et d'orienter toutes les chambres vers la mer. Le projet est situé dans un environnement naturel exceptionnel, dans un pays au passé et au patrimoine culturel passionnants.

La sinuosa forma del hotel y su perfil escalonado surgieron a partir del máximo aprovechamiento de la superficie edificable y del deseo de orientar todas las habitaciones hacia el mar. El proyecto se sitúa en un entorno natural excepcional, en un país con un pasado y un patrimonio cultural apasionantes.

NOVOTEL TANGER HOTEL

> Tanger, Morocco
> 16.300 m²
> Architecture and interior design
> 4-star hotel // 180 rooms

Renders © Christophe Siredey

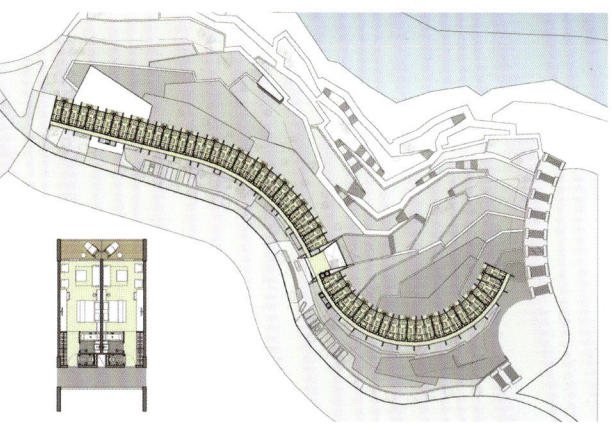

GREENTOWN

> Casablanca, Morocco
> 193.500 m²
> Urbanism
> Master plan and parceling

Renders © Christophe Siredey
Watercolors © Bruno Conigliano

Proposal for a humane and integrated urban planning: a balanced centre, made up of neighbourhoods with different personalities but with activities and facilities distributed equally, with a continuous north-south pedestrian axis attached to a central park, with transversal connections and the integration of the periphery with the centre.

Vorschlag für eine humane und integrierte Stadtplanung: ein ausgewogenes Zentrum, bestehend aus Vierteln mit unterschiedlichen Persönlichkeiten, aber mit gleichmäßig verteilten Aktivitäten und Einrichtungen, mit einer durchgehenden Nord-Süd-Fußgängerachse, die mit einem zentralen Park verbunden ist, mit Querverbindungen und der Integration der Peripherie mit dem Zentrum.

Un centre équilibré, composé de quartiers aux personnalités distinctes mais aux activités et équipements répartis de manière équitable. L'axe piétonnier continu nord-sud est relié à un parc central, avec des liaisons transversales, permettant ainsi une intégration harmonieuse de la périphérie au centre.

Propuesta de un urbanismo humano e integrado: un centro equilibrado, formado por barrios con distinta personalidad pero con actividades y equipamientos repartidos de manera equitativa, con un eje peatonal continuo norte-sur adosado a un parque central, con conexiones transversales y la integración de la periferia con el centro.

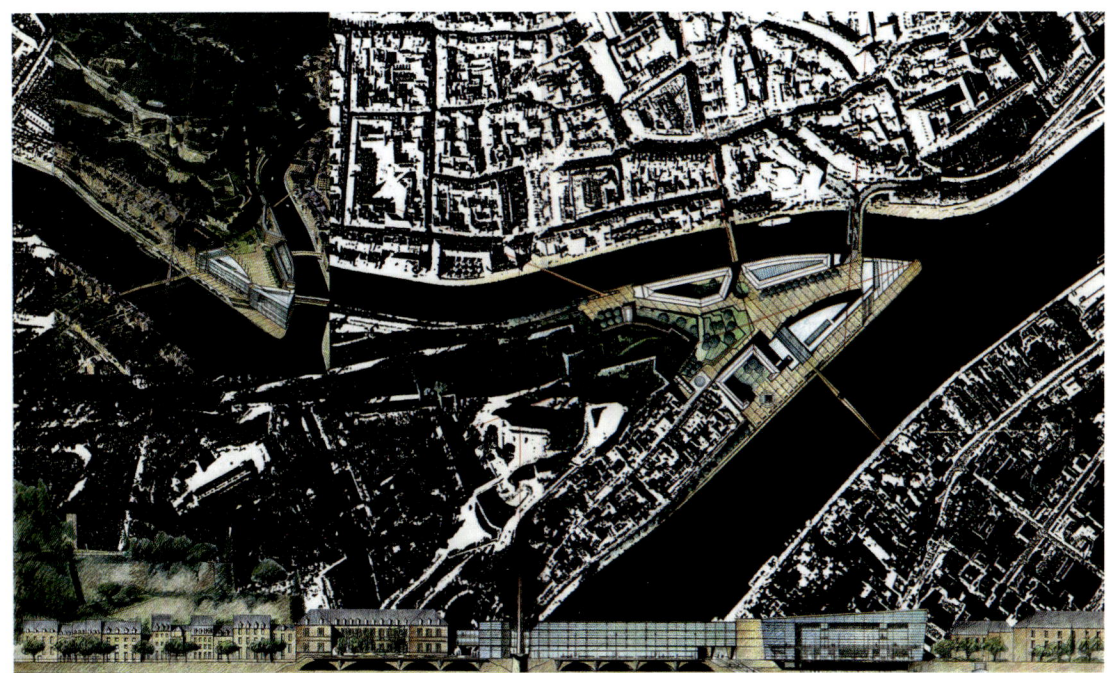

GROGNON I

> Namur, Belgium
> 70.000 m²
> Urbanism
> Urban restructuring

Renders © Shuishi Kobari

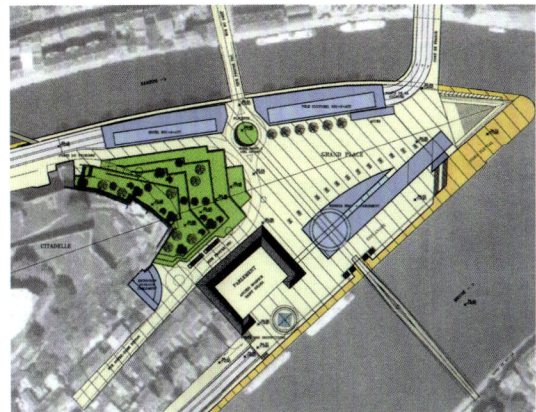 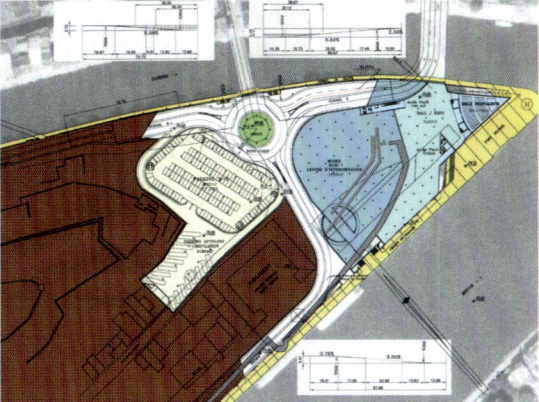

A strong and symbolic project subject to the criteria of a clear urban policy: to solve the problem of vehicular traffic and parking, benefiting pedestrians and light transport, creating public spaces of conviviality that improve and allow the enjoyment of the formidable natural environment of the Citadel and the two rivers.

Ein starkes und symbolträchtiges Projekt, das den Kriterien einer klaren Stadtpolitik unterliegt: Lösung des Problems des Autoverkehrs und der Parkplätze zugunsten der Fußgänger und des öffentlichen Nahverkehrs, Schaffung von öffentlichen Räumen der Geselligkeit, die die beeindruckende natürliche Umgebung der Zitadelle und der beiden Flüsse verbessern und genießen lassen.

Un projet fort et symbolique soumis aux critères d'une politique urbaine claire : résoudre le problème de la circulation et du stationnement des véhicules au profit des piétons et des transports légers, créer des espaces publics de convivialité qui améliorent et permettent de profiter du formidable environnement naturel de la Citadelle et des deux rivières.

Proyecto fuerte y simbólico sujeto a los criterios de una política urbana clara: resolver el problema del tráfico vehicular y del estacionamiento, beneficiando a los peatones y a los transportes ligeros, creando espacios públicos de convivencia que mejoren y permitan el disfrute del formidable entorno natural que constituye la Ciudadela y los dos ríos.

GROGNON II

> Namur, Belgium
> 70.000 m²
> Urbanism
> Urban restructuring

Renders © Shuishi Kobari

Second place in an international competition on invitation for the new Wallonian Parliament building in Namur including shops as well as the urban restructuring of the city centre. This is an administrative building with housing and car parks.

Zweiter Platz in einem internationalen Einladungswettbewerb für das neue Gebäude des wallonischen Parlaments in Namur mit Geschäften sowie für die städtebauliche Umstrukturierung des Stadtzentrums. Es handelt sich um ein Verwaltungsgebäude mit Wohnungen und Parkplätzen.

Deuxième place dans un concours international sur invitation pour le nouveau bâtiment du Parlement wallon à Namur comprenant des commerces ainsi que la restructuration urbaine du centre ville. Il s'agit d'un bâtiment administratif avec des logements et des parkings.

Segundo lugar en un concurso Internacional sobre invitación para la Sede del nuevo Parlamento Wallon en Namur incluyendo comercios además de la reestructuración urbanística del centro de la ciudad. Se trata de un edificio administrativo de viviendas y aparcamientos.

New proposal for the urban restructuring of the city centre of Namur at the confluence of the Sambre and Meuse rivers including museums, housing, leisure facilities, shops, public spaces and parking.

Neuer Vorschlag für die städtebauliche Umstrukturierung des Stadtzentrums von Namur am Zusammenfluss von Sambre und Maas mit Museen, Wohnungen, Freizeiteinrichtungen, Geschäften, öffentlichen Räumen und Parkplätzen.

Nouvelle proposition pour la restructuration urbaine du centre ville de Namur au confluent de la Sambre et de la Meuse comprenant des musées, des logements, des équipements de loisirs, des commerces, des espaces publics et des parkings.

Nueva propuesta para la reestructuración urbanística del centro de la ciudad de Namur en la confluencia de los ríos Sambre y Meuse incluyendo museos, viviendas, equipamiento de ocio, comercios, espacios públicos y aparcamiento.

GROGNON III

> Namur, Belgium
> 70.000 m²
> Urbanism
> Urban restructuring

Renders © Shuishi Kobari

Patrick Genard Ron Calvo Bruno Conigliano

DIRECTOR

Patrick Genard (Namur, Belgium – 1954)
Architect and Civil Enginyer (U.C.L., Louvain la Neuve, Belgium, 1978)

ASSOCIATES

Ron Calvo (Bronx, New York, USA - 1965)
Architect (UCLA Master Architecture, 1999)

Bruno Conigliano (Mulhouse, France – 1974)
Interior architect (École Boulle, París, France, 1997)

COLLABORATORS

Diego Rey (Buenos Aires, Argentina - 1968)
Architect (Universidad de Buenos Aires, 1994)

Silvina Juliana Cragnolino (Buenos Aires, Argentina - 1980)
Architect (Universidad de Buenos Aires, 2006)

Ingrid Macau (Llançà, Girona – 1977)
Interior designer (Escola Disseny BAU, Barcelona, 2006)

Nathalie Mèric (Marseille - 1978)
Architect (École d'architecture de Paris La Villette, 2007)

Salvador Bou (Terrassa, España - 1972)
Architect (Escuela Técnica Superior de Arquitectura del Vallés, Barcelona, 2004)

Miriam Coronel (Huelva, España -1992)
Building engineering (Universidad de Sevilla, 2015 - Arquitectura en proceso UPC)

Santiago Marelli (La Plata, Argentina - 1996)
Architect (Universidad Nacional de la Plata, 2022)

Christophe Siredey (Asnières, Francia - 1975)
Interior architect (École Boulle, París, Francia, 1998)

Sigfrid Pascual (Barcelona, España - 1961)
Architect (Escola Técnica Superior de Arquitectura del Vallés, Barcelona, 1995)

Jose Segura (Lyon, Francia - 1972)
Administration and Finance Technician (C.E.F, Barcelona, 2002)

Yaima Cuervo (La Habana, Cuba - 1979)
Assistant Director (Técnico medio en Hotelería y Turismo, Cuba, 1998)

ASSOCIATED STUDIOS

André Vanderstukken & Partners
64, Chaussée de Mont-Saint-Jean
1420 Braine L'Alleud (Brussels) Belgium

Guillaume de Laforce
13 rue Eugène Sue – 75018 Paris, France

CONSULTANTS

PGI Group – Engineers and facilities
17, Place Charles Nicole, App. 2 Etg. 7, Maarif, Casablanca, Morocco
Tel (34) 649 431 455

AIA – Architectural facilities
Séneca 11 bj – 08006 Barcelona - Tel (34) 93 206 61 27

Xavier Ferres Arquitectos y consultores - Facade consulting
Pje. Marimón 6 –2º2º 08021 Barcelona, Spain
Tel (34) 93 241 77 11

Bet Yves Serra – Structure Engineers
88, Av. Albert Schweitzer – 66000 Perpignan, France
Tel (33) (4) 68 61 28 67

Tram J. Hierro I Associats S.L. - Integrated management and facilities
Urgell, 168 s/atic 1º - 08036 Barcelona, Spain
Tel (34) 93 453 86 89

Bellapart, S.A. – Façades
Av. Veneçuela, 8 – 17800 Olot - Tel (34) 972 22 51 79

CA2L Il.Luminació – Lighting consulting
Pg. de Sant Joan, 10 – 08010 Barcelona, Spain
Tel (34) 93 451 74 74

TFM – Solar Energy
Gaià, 5 Pol. Ind. Plà d'en Coll 08110 Montcada i Reixac (Barcelona)
Tel (34) 93 575.36.66

Aguasol Enginyeria – Engineering and sustainability
Roger de Lluria, 29, 3º, 2ª - 08009 Barcelona - Tel (34) 93 342 47 55

Manel Colominas – Landscape designer
Tel (34) 93 209 03 64

OTHER COLLABORATORS

Agustina Bustos. Argentina	Architect	**Manuel Fernandez Vargas**. Chile	Architect
Albert Sabas Serrallonga. Spain	Architect	**Maria Lujan**. Uruguay	Architect
Alejandro Rios. Argentina	Architect	**Maria Silva Duval**. Chile	Architect
Bartolome Dumont. France	Architect	**Marta Miguel**. Spain	Architect
Carles Martínez. Spain	Modeler	**Marta Tur Planells**. Spain	Architect
Carmine Carfa. Italy	Architect	**Martin Plante**. Canada	Architect
Carolina Gomes Teixeira. Portugal	Decorator	**Masaaki Higashi**. Japan	Architect
Caterina Prat Vives. Spain	Architect	**Nathalie Verbenne**. Belgium	Architect
Christian Baiocco. Italy	Architect	**Paola Gaudio**. Italy	Architect
Daniel Calatayut. Spain	Architect	**Pau Gaude Marti**. Spain	Decorator
Eric Simonnet. Monaco	Decorator	**Quentin Lefort**. France	Architect
Francesco Biskupovich. Chile	Architect	**Queralt Uix Carrión**. Spain	Architect
Francisco Cepeda. Chile	Architect	**Riccardo Veronesi Brunner**. Italy	Architect
Giovanna Seppi. Italy	Architect	**Rob Dubois**. Netherlands	Architect
Giulia Nieper. Germany	Architect	**Rubén Olmeda**. Netherlands	Architect
Héctor Saavedra. Panama	Architect	**Silvia Cabrera Franch**. Spain	Decorator
Hélènne Mala. France	Decorator	**Stefan Cristian Popa**. Romania	Architect
Inés Jacob. France	Decorator	**Suichi Kobari**. Japan	Architect
Isabel Coutinho. Portugal	Architect	**Theo Napolitano**. Italy	Architect
Jaume Asensi. Spain	Architect	**Yamila Jatón**. Argentina	Architect
Joseba Astelarra. Spain	Architect	**Yumi Nagata**. Japan	Architect
Lucrecia Laudi. Argentina	Architect